淡定心理学

内心强大的情绪掌控术

牧之◎著

江西美术出版社
JIANGXI FINE ARTS PUBLISHING HOUSE

图书在版编目（CIP）数据

淡定心理学 / 牧之著 . -- 南昌：江西美术出版社，2017.5

ISBN 978-7-5480-4125-2

Ⅰ . ①淡… Ⅱ . ①牧… Ⅲ . ①人生哲学 - 通俗读物 Ⅳ . ① B821-49

中国版本图书馆 CIP 数据核字 (2017) 第 033467 号

出品人：汤　华
企　　划：江西美术出版社北京分社（北京江美长风文化传播有限公司）
策　　划：北京兴盛乐书刊发行有限责任公司
责任编辑：王国栋　刘霄汉　朱鲁巍　宗丽珍　康紫苏
版式设计：阎万霞
责任印制：谭　勋

淡定心理学

作　　者：牧　之

出　　版：江西美术出版社
社　　址：南昌市子安路 66 号江美大厦
网　　址：http：//www.jxfinearts.com
电子信箱：jxms@jxfinearts.com
电　　话：010-82293750　0791-86566124
邮　　编：330025
经　　销：全国新华书店
印　　刷：保定市西城胶印有限公司
版　　次：2017 年 5 月第 1 版
印　　次：2017 年 5 月第 1 次印刷
开　　本：880mm × 1280mm　1/32
印　　张：7
I S B N：978-7-5480-4125-2
定　　价：26.80 元

本书法律顾问：江西豫章律师事务所　晏辉律师

前言
Preface

熙熙攘攘的现代社会，充斥着种种诱惑，功名利禄、名誉地位、财富奢华……无时无刻不在刺激着人们的欲望，撩拨着人们的神经，影响着人们的生活。孤独与迷惘、矛盾与痛苦、失落与压抑、浮躁与焦虑等心灵问题，困扰着匆忙行走于都市丛林中的每一个人。

面对世界的喧嚣和浮华，我们需要保持一颗淡定的心，淡对名利繁华，静观世事变幻。

淡定，是一种心静如水、无欲无求、不怨不尤的心境。内心的淡定与坦然，可以化解生命中的很多烦恼与遗憾、忧伤与痛苦。化解的前提，就是要求一个人在心中不要把现实中很多的阴影看得过重，不要让我们自己的心遮住了阳光。人生的大戏不可能永远处于高潮，平平淡淡才是真，拥有淡泊之心，便能拨云见日，体会到生活的真正内涵，否则，只能在生活的边缘徘徊，将时光埋没在烦恼与痛苦之中。

淡定，是对名利荣辱的淡然，是对成败得失的坦然，是对爱恨情仇的超脱，是对世态人情的看开。纵使世界喧嚣吵嚷，也能守住一分安静恬然。得失沉浮皆是人生美好的景色，世俗百态皆不能扰乱心间的宁静祥和。如果我们能怀有这样一番情怀，那么我们的心就能获得真正的安宁、真正的幸福。

淡定，是一种炉火纯青、圆融无碍的处世智慧。淡定的人，不争强好胜，但有不争而胜的气势；不强出头，但有无欲则刚的力量。淡定是参透世事的清醒，是阅尽沧桑的悟见，更有包容与豁达的成熟。淡定的人，呈现的是一种王者风范。

淡定，是在滚滚红尘中，怀一颗平和心，做一些平常事，简简单单生活，享受真真实实的幸福。淡定的人，即使遇到不幸和苦难，仍然心存感恩，感恩生活中的每一个有缘人，感恩生命中的一切苦难。只有内心淡定，知足惜福，才能真正体会淡的香醇，幸福的滋味。

淡定是心灵的修炼，是人生的境界和智慧。它让浮躁的我们沉静自我，让执着的我们学会放下；让我们在淡定中滋养心灵，在淡定中升华人生；让我们内心清澈如水，让生命重新回归平衡。

本书是一本解读淡定内涵、淡定智慧的心理学读本，是一部献给迷茫困惑的现代都市人的心灵治疗系指南，是一部指导人们如何超然处世、对待人生的智慧宝典。全书针对当代人的情绪和生活现状，分心性、成败、处世、生活四大主题，从名利、荣辱、欲望、得失、交际、爱情、婚姻、工作、压力、心态、幸福等方面，层层深入、循循善诱，引导人们保持淡定的心境，修炼淡定的心胸，拥有淡定的生活。相信读过此书，你定会在纷扰的世间寻得一份属于自己的澄明与清澈，从容地享受淡然、洒脱的人生！

宠辱不惊，看庭前花开花落；去留无意，望空中云卷云舒。喧嚣终归于落寞，繁华总是会平淡。心怀淡定之心的人，必将是最坦然、最平和、最自在、最豁达的人！

淡定的人生不寂寞，淡定的人生不烦恼，淡定的人生最美丽，淡定的人生最幸福。淡定人生，从阅读本书开始。

目录
Contents

第1章 淡定是心灵的修行

第 2 章 淡定的内心不烦恼

第 3 章 诱惑的世界要淡定

第5章 淡看不完美，豁达且从容

第6章 得意要淡定，失意要坚定

第 8 章 淡定的人生最幸福

第1章

淡定是心灵的修行

淡定是一种气质，是一种是历练，是一种涵养，是一种从容，是一种平淡对待得失，冷眼看尽繁华的生活态度和人生境界。

在纷纷扰扰、潮起潮落的人生戏台上，以一份洒脱娴静的心态来面对世事万象，与清风嬉戏，与明月相伴，如日月清风一样来去不觉，方能击破纷扰，回归简朴，达到“心淡如水，人淡如菊”的境界。

心境淡泊，逍遥自如

一个心境淡泊的人，不会被世间的荣枯牵绊，也不会因为万物的流逝而或喜或悲，忘记一切，超脱一切，就能在一切当中逍遥自如。

在《庄子·田子方》篇中，庄子杜撰了一则孔子拜见老子的故事：

孔子拜见老子，老子刚洗了头，正披散着头发等待吹干，那凝神寂志、一动不动的样子好像木头人一样。孔子在门下屏蔽之处等候，不一会儿见到老子，说："是孔丘眼花了吗，抑或真是这样的呢？刚才先生的身形体态一动不动的，真像是枯槁的树桩，好像遗忘了外物、脱离于人世而独立自存一样。"老子说："我是处心遨游于混沌宇宙初始的境域。"

孔子问："这说的是什么意思呢？"老子说："你心中困惑而不能理解，嘴巴封闭而不能谈论，还是让我为你说个大概。最为阴冷的阴气是那么肃肃寒冷，最为灼热的阳气是那么赫赫炎热，肃肃的阴气出自苍天，赫赫的阳气发自大地；阴阳二气相互交汇融合因而产生万物，有时候还会成为万物的纲纪，却不会显现出具体的形体。消逝、生长、满盈、虚空，时而晦暗、时而显明，一天天地改变、一月月地演化，每天都有所作为，却不能看到它造就万物、推演变化的功绩。生长有它萌发的初始阶段，死亡也有它消退败亡的归向，但是开始和终了相互循环，没有开端，也没有谁能够知道它们变化的穷尽。倘若不是这样，那么谁又能是万物的本源？”

孔子说：“请问游心于宇宙之初、万物之始的情况。”老子回答：“达到这样的境界，就是‘至美’‘至乐’了，体察到‘至美’也就是遨游于‘至乐’，这就叫做‘至人’。”孔子说：“我希望能听到那样的方法。”老子说：“食草的兽类不担忧更换生活的草泽，水生的虫豸不害怕改变生活的水域，这是因为只进行了小小的变化而没有失去惯常的生活环境，这样喜怒哀乐的各种情绪就不会进入内心。普天之下，莫不是万物共同生息的环境。获得这共同生活的环境而又混同其间，那么人的四肢以及众多的躯体都将最终变成尘垢，而死亡、生存终结、开始也将像昼夜更替一样，没有什么力量能够扰乱它，更不去介意那些得失祸福！舍弃得失祸福之类附属于己的东西就像丢弃泥土一样，懂得自身远比这些附属于自己的东西更为珍贵，珍贵在于我自身，而不因外在变化而丧失。况且宇宙间的千变万化从来就没有过终极，怎么值得使内心忧患？已经体察大道的人便能通晓这个道理。”

孔子说：“先生的德行合于天地，仍然借助于至理真言来修养心性，古时候的君子，又有谁能够免于这样做呢？”老子说：“不是这样的。水激涌而出，不借助于人力方才自然。道德修养高尚的人对于德行，无须加以培养，万物也不会脱离他的影响，就像天自然的高，地自然的厚，太阳与月亮自然光明，又哪里用得着修养呢！”

孔子从老子那儿回来，把见到老子的情况告诉给了颜回，说：“我对于大道，就好像瓮中的小飞虫对于瓮外的广阔天地啊！不是老子的启迪揭开了我的蒙昧，我不知道天地之大那是完完全全的了。”

老子告诉孔子，他“游心于物之初”乃是“至美至乐”。

一个心境淡泊、超然物外的人，他的生活中的一切都是艺术品，任何事物都充满了难言的真善美。花落了，可以葬花；叶落了，可以做成美丽的标本。

淡定的心灵智慧

人如果能够忘记各种欲念是非，淡看红尘纷扰，把生活当作乐趣，他的生活就会变得更快乐、更美好。

淡泊是心灵的最高境界

《庄子》中曾提到过一个女人，她在与南伯子葵地交谈的时候讲了这样一段话：

“你知道卜梁倚吗？他有圣人般明敏的才气，却没有圣人般虚淡的心境。而我呢，我有圣人般虚淡的心境，却没有圣人那种明敏的才气。我本想如果用虚淡的心境去教导他，没准他果真能成为圣人。然而，结果却不是这样。虽然把圣人虚淡的心境传告给具有圣人才气的人看起来更容易些，但我还是选择持守着告诉他，结果，他三天之后便能遗忘天下。看到他已经可以遗忘天下，我又凝寂持守，结果，他七天之后就能遗忘万物。看到他已经遗忘万物，我又凝寂持守，结果他九天之后便能遗忘自己的存在。等到他遗忘了自己的存在，他的心境便能如朝阳一般清新明澈。当心境如朝阳般清新明澈，他就能够感受那绝无所待的道了。当他感受了道，就能超越古今的时限。当他超越古今的时限可以在历史中穿梭，那么便进入无所谓生、无所谓死的境界。一个人生活在世界上，当你摒除了生也就没有了死，因为没有了死的对比，那时候的生也就不存在了。”

庄子认为，一个可以学道的人，必须有“圣人般虚淡的心境”，否则，这个人只能在世间随波逐流，跟随着众人行走于声色名利之中，永远没有醒悟的那一天。一个人，只有学会了修养自己的心灵，才能保持内心的宁静与和谐，才有可能像庄子一样，达生而逍遥。

心灵的淡泊，能与宇宙时空中无穷无尽的能量连接在一起，潜移默化地使人的灵魂升华，会把一切美好的东西变得永远充满神秘色彩。为了放淡自己的各种欲望，我习惯在孤灯夜静的书案前，头靠着松软的椅背，轻轻地合上疲惫的眼睛，闭目养神，忘记自己，忘记世上困扰人的一切。在宁静中，我的生命变得犹如满天的轻风细雨那样悠长、清澈、温和，缓缓地逍遥于宇宙时空之中……

人总有一天会走到生命的终点，金钱散尽，一切都如过眼云烟，只有精神长存世间，所以淡泊的心境应该是人生追求的境界。

淡定的心灵智慧

一个人要想消除心灵的烦恼，淡泊是必不可少的。如果珍爱生命，就必须修心养性。

上善若水，淡泊清澄

老子说：上善若水。人生若是如水，往来穿梭自如，于浩渺的天地之间默默流淌，上可至穹庐，下可到黄泉，不畏寂寞，不为诱惑。

古代，一位官员被革职遣返，他心中的苦闷无处排解，便来找师父开导自己。师父静静听完了他的倾诉，将他带入自己的房中，房间的桌上放着一瓶水。师父微笑着说："你看这只花瓶，它已经放置在这里许久了，几乎每天都有尘埃灰烬落在里面，但它依然澄清透明。你知道这是何故吗？"此人思索良久，仿佛要将花瓶看穿，忽然他似有所悟："我懂了，所有的灰尘都沉淀到瓶底了。"

师父点点头："世间烦恼之事数之不尽，有些事越想忘掉越挥之不去，那就索性记住它好了。就像瓶中的水，如果你厌恶地摇它，会使一瓶水都不得安宁，混浊一片；如果你愿意慢慢地、静静地让它们沉淀下来，用宽广的胸怀容纳它们，这样，心灵并未因此受到污染，反而更加纯净了。"官员恍然大悟。

水具有滋养万物生命的德性，使万物得其润泽，而不与万物争利，永远不居高位，不把持要津，在这个永远不平的物质世界中，宁愿自居下流，藏垢纳污而包容一切。所以老子形容它：“处众人之所恶，故几于道。”

老子只是拿水与物不争的善性一面，来说明它几乎近于道的修为而已。一个人的心境像水一样，善于容纳百川的深沉渊默，所谓“心善渊”；行为如果能做到如水一样，善于自处而甘居下地，所谓“居善地”；行为举止同水一般助长万物生灵，所谓“与善仁”；言语如潮水一样准则有信，所谓“言善信”；立身处世像水一样持平正衡，所谓“正善治”；担当做事像水一样调剂融合，所谓“事善能”；把握机会，及时而动，做到同水一样随着动荡的趋势而动荡，跟着静止的状况而安详澄澈，所谓“动善时”；遵循水的基本原则，与物无争，与世无争，永无过患而安然处顺，便是掌握了天地之道的妙用了。

淡定的心灵智慧

人生在世，若能将水的特性发挥得淋漓尽致，修得如水一样的淡泊澄清的心境，可谓完人，正是“上善若水”。

掸净尘埃，心明眼亮

英国诗人威廉·费德说过：“舒畅的心情是自己给予的，不要天真地去奢望别人的赏赐。舒畅的心情是自己创造的，不要可怜地乞求别人的施舍。”

南宋僧人也曾作一偈：“身是菩提树，心如明镜台。时时勤拂拭，勿使惹尘埃。”

心如明镜，纤毫毕现，洞若观火，那身无疑就是“菩提”了。但前提是“时时勤拂拭”，否则，尘埃厚厚，似茧封裹，心定不会澄碧，眼定不会明亮了。

一个人，在尘世间走得太久了，心灵无可避免地会沾染上尘埃，使原来洁净的心灵受到污染和蒙蔽。心理学家曾说过：“人是最会制造垃圾污染自己的动物之一。”的确，清洁工每天早上都要清理人们制造的成堆的垃圾，这些有形的垃圾容易清理，而人们内心中诸如烦恼、欲望、忧愁、痛苦等无形的垃圾却不那么容易处理了。

因为，这些真正的垃圾常会被人们忽视，或者，出于种种的担心与阻碍不愿去扫。譬如，太忙、太累；或者担心扫完之后，必须面对一个未知的开始，而你又不能确定哪些是你想要的。

万一现在丢掉的，将来想要时却又捡不回来，那该怎么办？

的确，清扫心灵不像日常生活中扫地那样简单，它充满着心灵的挣扎与奋斗。不过，你可以告诉自己：每天扫一点，每一次的清扫，并不表示这就是最后一次。而且，没有人规定你必须一次扫完。但你至少要经常清扫，及时丢弃或扫掉拖累你心灵的东西。

每个人都有清扫心灵的任务，对于这一点，古代的圣者先贤看得很清楚。

圣者认为，“无欲之谓圣，寡欲之谓贤，多欲之谓凡，得欲之谓狂”。圣人之所以为圣人，就在于他心灵的纯净和一尘不染；凡人之所以是凡人，就在于他心中的杂念太多，而他自己还蒙昧不知。所以，圣人了悟生死，看透名利，继而清除心中的杂质，让自己纯净的心灵重新显现。

我们都有清理打扫房间的体会吧，每当整理好自己最爱的书籍、资料、照片、唱片、影碟、画册、衣物后，你会发现：房间原来这么大，这么清亮明朗！自己的家更可爱了！

其实，心灵的房间也是如此，如果不把污染心灵的废物一块一块清除，势必会造成心灵垃圾成堆，而原来纯净无污染的内心世界，亦将变成满池污水，这会让你变得更贪婪、更腐朽、更不可救药。

人的一生，就像一趟旅行，沿途中有数不尽的坎坷泥泞，但也有看不完的春花秋月。如果我们的一颗心总是被灰暗的风尘所覆盖，干涸了心泉、黯淡了目光、失去了生机、丧失了斗志，我们的人生轨迹岂能美好？

因此，我们要时时为自己的心灵洗涤，拂去心灵的蒙尘，防止心灵受到污染，从而摆脱生活带给你的错综复杂的痛苦和恼怒。

淡定的心灵智慧

清空心灵，就是要清空世俗生活积存的枯枝败叶；清空心灵，就是要收获未来的光荣与辉煌；清空心灵，就是要最大限度地获得生命的自由、独立。

栽种心灵花，芬芳随处散

幸福不能靠外来的物质和财富，而要靠自己内心的淡定和高贵。

“文革”期间，著名作家沈从文被下放到多雨而泥泞的湖北咸宁劳动改造，饱受痛楚。可沈从文毫不在意，在咸宁给他的表侄、画家黄永玉写信说：“这儿荷花真好，你若来……”

就这样一句普普通通的“荷花真好”，竟使那段苦难的日子飘荡着荷花的芬芳，令人以为多雨泥泞的咸宁是王孙可游的人间仙境呢！

唐代著名的慧宗禅师常弘法师讲经而云游各地。有一回，他临行前吩咐弟子看护好寺院的数十盆兰花。

弟子们深知禅师酷爱兰花，因此侍弄兰花非常殷勤。但一天深夜，狂风大作，暴雨如注。偏偏当晚弟子们一时疏忽，将兰花遗忘在了户外。第二天清晨，弟子们后悔不迭；眼前是倾倒的花架、破碎的花盆，棵棵兰花憔悴不堪、狼藉遍地。

几天后，慧宗禅师返回寺院。众弟子忐忑不安地上前迎候，准备领受责罚。得知原委后，慧宗禅师泰然自若，神态依然是那样平静安详。他宽慰弟子们说：“当初，我不是为了生气而种兰花的。”

就是这么一句平淡无奇的话，在场的弟子们听后，肃然起敬之余，更是如醍醐灌顶，顿时大彻大悟……

“我不是为了生气而种兰花的”，看似平淡的偈语里，暗示了多少佛门玄机，又蕴含了多少人生智慧啊！现实生活中，无限制增长的欲望、不满足现状的心态，还有那诸多数不清的烦恼与磨难，常常使人患得患失。因此，很多人抱怨命运，抱怨时运不济，抱怨人生多“苦”。

常言道：人生在世，不如意事常八九。其实，只要我们严肃冷静地分析人生，痛苦与欢乐几乎是与生俱来的。造物主让我们来到人世中，享受世界的无限欢乐，但同时也要给我们困苦、不幸的负重。人生就是一次爬山的旅行，辛苦是自然的，摔跤有时也难免，磨难就是这次旅行的代价。既然我们能够愉快地享受人生，为什么不能快乐地接受生活赐予的苦难呢？况且，苦难已降临，生气烦恼又有何用？

栽种一株快乐的花朵于心田。无论生活面临怎样的境地，人生遭逢怎样的磨难，请把快乐的花朵开放在心灵的原野上，让灵魂的舞姿如花之绰约，满载着花的芬芳。

淡定的心灵智慧

无论生命有多少凄苦，人生有多艰难，栽种一株快乐的心灵之花于心田，让绚丽的花朵昂然地绽放在生命的枝头。从此，我们便拥有了慧质兰心，我们的心境也定会盈满幸福！

内心淡定，四季是美景

有首古诗写道：“但愿此心春长在，须知世上苦人多。”现实中真的是有许多人感到自己活得很辛苦，生活中没有一点乐趣。正因为世人心中无“春”，所以才无快乐可言。其实人生是快乐的，只不过快乐深藏于心，不容易为人所发现而已。

春秋时有一隐士荣启期，在泰山优哉优哉，鼓琴而歌。孔子路过，就问他：为何这等快乐？

荣启期回答道：“天生万物，唯人为贵，我得为人，何不乐也？”

正如荣启期所说，生而为人即是一种快乐，快乐是人生的主题。只要我们用心去体会，以饱满的热情去对生活，就能快乐度过每一天。

许多人抱怨生活太清苦，许多人到外界去寻求快乐。而对身边的美景熟视无睹，其实只要用心生活，身边就有感动你的美景。

在春天，特别是早春，从春来发几枝的柳树上，从重新披上绿装的大地上，从水光潋滟的湖面上，从鸟雀叽喳的瓦房屋顶，从万物萌发的郊外，从身边女人和孩子们的身上，你随处都能感受到风景的存在，让心灵享受美的熏陶。只要用心，你也能体会到“竹外桃花三两枝，春江水暖鸭先知。蒌蒿满地芦芽短，正是河豚欲上时”的美景。

在夏天，你可以去体会万物在骄阳下傲然挺立的飒爽英姿。如果是晴空万里，你可以去河边体会“水光潋滟晴方好”的诗意；如果是雨天，你则可以去感受“山色空蒙雨亦奇”的意境。

秋天是一个收获的季节，更是好景连连，正如古人所说：“一年好景君须记，最是橙黄橘绿时”。看着院里挂满果实的梨树，你能不开心？闻着空气中弥漫着的果实的芳香，你能不开心？就是看看满街的落叶，也会带给你无穷的遐想，你也没有不开心的理由。

冬天总是给人一种肃杀寂静的感觉，似乎给人一种压抑的感觉，其实不然，冬天也有冬天的美丽。即使去看那光秃秃的树，在凛冽的西风的肃杀中沉着坚持的样子，也让人感受到力量和希望。享受着这一切，你能说冬天不美吗？

淡定的心灵智慧

一个人如果能够始终保持内心的淡定，那么不论是春夏秋冬，不论是风霜雨雪，一年四季都能看到美景。

采菊东篱下，悠然见南山

一个人要以清醒的心智和从容的步履走过岁月，那么他的内心必定不能缺少淡泊。虽然我们渴望成功，渴望能在有生之年画出优美的人生轨迹，但我们需要的是一种平平淡淡的快乐生活，一份实实在在的成功。这种成功，不必努力苛求轰轰烈烈，不一定要有那种揭天地之奥秘，只是一份平平淡淡的追求足矣！

陶渊明生于公元 365 年，是中国最早的田园诗人。陶渊明生活的时代，朝代更迭，社会动荡，人民生活非常困苦。公元 405 年秋天，陶渊明为了养家糊口，来到离家乡不远的彭泽当县令。这年冬天，他的上司派来一名官员来视察，这位官员是一个粗俗而又傲慢的人，他一到彭泽县的地界，就派人叫县令来拜见他。

陶渊明得到消息，虽然心里对这种假借上司名义发号施令的人很瞧不起，但也只得马上动身。不料他的手下提醒说："参见这位官员要十分注意小节，衣服要穿得整齐，态度要谦恭，不然的话，他会在上司面前说你的坏话。"

一向正直清高的陶渊明再也忍不住了，他长叹一声说："我宁肯饿死，也不能因为五斗米的官饷，向这样差劲的人折腰。"他马上写了一封辞职信，离开了只当了八十多天的县令职位，从此再也没有做过官。

从官场退隐后的陶渊明，在自己的家乡开荒种田，过起了自给自足的田园生活。在田园生活中，他找到了自己的归宿，写下了许多优美的田园诗歌。他写农家人生活的悠然自得："暧暧远人村，依依墟里烟"，他写自己劳动的感受："采菊东篱下，悠然见南山"，他也写农人劳作的甘苦："种豆南山下，草盛豆苗稀""不言春作苦，常恐负所怀"。

诸葛亮有言："非淡泊无以明志，非宁静无以致远。"淡泊是一种真我，是英雄本色。追求淡泊者，生活的道路会开满鲜花、芳香四溢；追求享受者，生活的道路可能会遍布陷阱，甚至只能在生命终结的一刹那才能体会到稍纵即逝的一丝快乐。

心淡如水，人淡如菊，不贪图什么，不忧虑什么，抛弃所有的烦恼，是一种境界。让心灵享受到"采菊东篱下，悠然见南山"的闲情逸致，享受到富有禅意的生活，就要让心灵除去杂念，远离世俗，做最自然、最本真的人。

淡定的心灵智慧

学会淡泊，拥有淡泊。学会和拥有了淡泊，我们就能在令人眼花缭乱、目迷神惑的世相百态面前神宁气静，就会抛开一切名缰利锁的束缚，在人生的大道上迈出自信与豪迈的步伐。

淡定人生三境界

徐缓是一位成功人士，当他的同学还在为饭碗苦苦奋斗时，他拥有了属于自己的一片天地。这一切似乎并没有像有些人那样牺牲健康和情趣孜孜以求，而是在从容淡定中将一切尽收囊中。有人欲探得其中奥秘，徐缓说，其实挺简单，换来这分从容的，也就是半小时。他刚参加工作时，和许多人一样，总觉得手头的事情做不完，业余爱好也丢了，人疲乏得要命，到头来还没落得个好结果。后来有一天，父亲对他说："你能不能试一试，每天早出门半个小时？"他看了父亲一眼，对父亲的话并不十分理解，但他还是决定试一试。从第二天起，他开始比正常时间早半个小时出门。当他走到公共汽车站时，发现等车的人不多，上了车，又发现有许多空位，比平时惬意多了。而且，由于还没到上班高峰期，路上的交通也不堵塞，很快就到达目的地。坐在车上时，他就把一天的工作理了个头绪。进入办公室后，同事们还没来，他在空旷的办公室里伸展了一下手脚，而后开始听一段音乐。当同事们匆匆忙忙地打卡、手忙脚乱地开抽屉时，他的面前已放好了需整理的材料，并泡好了一杯热茶，接下来的工作是有条不紊的。

这里讲的或许是时间管理，半小时的短暂时间换来一世从容。

其实，这是一种原理，兵荒马乱中永远都是一团乱麻，从容之中才能气定神闲，决胜千里。

许多人一世“劳生”，从来不知“徐生”的从容，其实他们陷入了人生的误区，无法自拔。人生有三重境界：看山是山，看水是水；看山不是山，看水不是水；看山还是山，看水还是水。

看山是山，看水是水，是说一个人在涉世之初纯洁无瑕，目光所及之处一切都新鲜有趣，眼睛看见什么就是什么。

看山不是山，看水不是水，是因为随着年龄的渐长，阅历渐丰，日渐发现世事的繁杂，不愿再轻易相信什么，山不再是单纯的山，水也不再是单纯的水。如果一个人长期停留在人生的第二重境界，便会这山望着那山高，斤斤计较，与人攀比，欲望的沟壑越来越深，就在此境界中到达了人生的终点。这也就是为什么许多人在俗世中迷失了自己，在疲于奔命的路上终结了自己的一生。

看山还是山，看水还是水，第三重境界并非人人能达到。这是一种拨云见日的豁然开朗，是本性与自然的回归，心无旁骛，只做自己该做的。面对纷杂世俗之事，一笑而过，笑看世间风云变幻，只求从从容容、平平淡淡，因此，看到的又是山水的本来面貌。

淡定的心灵智慧

看山是山，看水是水；看山不是山，看水不是水；看山还是山，看水还是水。真正的做人与处世之道便在其中：人本是人，不必刻意去做人；世本是世，无须精心去处世。

生活中我们应该淡忘的

在人生旅途中，我们可能会遇到坎坷和不幸，如竞争的失败、家道的中落、不测的病痛和突发的灾难；可能会遇到无端的误解和不公允的际遇；可能会有名利得失和荣辱毁誉；可能会有历史的伤痕和岁月的沧桑；可能会听到无中生有的流言蜚语，捕风捉影、飞短流长的小道新闻……

如果一切都是不可避免的，那我们不妨挥一挥衣袖，学会淡忘，淡忘所有应该淡忘的一切。淡忘功名利禄，那将使你不会高高在上，不会拥有那种孤独的高处不胜寒的悲凉；淡忘曾经的痛楚，那将有助于你寻找到另一份真正属于自己的幸福；淡忘曾经的仇恨，那将帮助你开辟另一条通往成功的大道；淡忘曾经的成功，那将有助于把你带往人生新的高峰。

让我们来看看学会淡忘是如何带给我们收获的。

淡忘名利——

信陵君杀死晋鄙，拯救邯郸，击破秦兵，保住赵国，赵孝成王准备亲自到郊外迎接他。唐雎对信陵君说：“我听人说：‘事情有不可以让人知道的，有不可以不知道的；有不可以忘记的，有不可以不忘记的。’”信陵君说：“你说的是什么意思呢？”

唐雎回答说："别人厌恨我，不可不知道；我厌恨人家，又不可以让人知道。别人对我有恩德，不可以忘记；我对人家有恩德，不可以不忘记。如今您杀了晋鄙，救了邯郸，破了秦兵，保住了赵国，这对赵王是很大的恩德啊，现在赵王亲自到郊外迎接您，我们仓促拜见赵王，我希望您能忘记救赵的事情。"信陵君说："我敬遵你的教诲。"

唐雎叫信陵君谦虚谨慎，淡忘功劳，这的确是高明的处世哲学。

淡忘挫折——

一个女孩莫名其妙地被老板炒了鱿鱼。老板要她下午到财务室结算工资。中午，她坐在公园的长椅上黯然神伤。突然，她发现一个小孩子一直不走，便奇怪地问："你站在这里干什么？"

"这条长椅刚刚刷过油漆，我想看看你站起来的时候背是什么样子。"小家伙说。

女孩怔了怔，笑了。她忽然恍悟：如同这双天真烂漫的眼睛想看到我背后的油漆一样，她昔日那些精明世故的同事也怀着强烈的兴趣想要偷窥到她的颓败、落魄和失意。她绝不能在丢失了工作的同时，也丢失自己的笑容、风度和尊严。选择和被选择不过是现在这个世界上时时刻刻都在发生着的最平常不过的事情，这个事情对于她的唯一意义便是提醒她必须寻找一个更适合自己的工作方式了。

她决定淡忘这暂时的挫折，用平常心面对生活。

于是，那天下午，同事们纷纷心照不宣地出来和她打招呼的时候，看到的是一张与平日无异的平静美丽的面容。短暂的自我调整之后，她又拥有了开朗。

淡忘身份——

一次，英国维多利亚女王与丈夫吵了架，丈夫独自回到卧室，闭门不出。女王回卧室时，只好敲门。

丈夫在里边问："谁？"

维多利亚傲然回答："女王。"

没想到里边既不开门，又无声息。她只好再次敲门。

里边又问："谁？"

"维多利亚。"女王回答。

里边还是没有动静。女王只得再次敲门。

里边再问："谁？"

女王学乖了，柔声回答："你的妻子。"

这一次，门开了。

要想家庭和睦、幸福，在回家之前，就应该把各种头衔、职位扔在脑后，更别说进卧室了。在爱人面前要淡忘自己其他的身份。

淡忘缺陷——

1858年，瑞典的一个富豪人家生下了一个女儿。然而不久，孩子患了一种无法解释的瘫痪症，丧失了走路的能力。

一次，女孩和家人一起乘船旅行。船长的太太给孩子讲船长有一只天堂鸟，她被对这只鸟的描述迷住了，极想亲自看一看。于是保姆把孩子留在甲板上，自己去找船长。孩子耐不住性子等待，她要求船上的服务生立即带她去看天堂鸟。那服务生并不知道她的腿不能走路，而只顾带着她一道去看那只美丽的小鸟。奇迹发生了，孩子因为过度地渴望，竟忘我地拉住服务生的手，慢慢地走了起来。从此，孩子的病便痊愈了。女孩子长大后，又忘我地投入到文学创作中，最后成为第一位荣获诺贝尔文学奖的女性，她就是茜尔玛·拉格萝芙。

生命在不断地延续，淡忘也会成为一种衰老的必然，我们无法抗拒，无法逃避。有时想想如果真的一切都能淡忘，也未必不是一种庆幸，至少麻烦有来也会有消退，乌云终会随风而散。然而要淡忘谈何容易，脑海深处总会刻下难以磨灭的痕迹，求一片淡然也只是偶尔才能实现，淡忘到深处便成了超脱，那又有几人能做到呢？但我们还是应该学着淡忘，让自己洒脱一点，让生命更有色彩一点。

淡定的心灵智慧

淡忘生活中应该淡忘的，是获得幸福、走向成功的重要准则。只有在这种心境中，人才会超越自身的束缚，释放出最大的能量。

修养心灵，收获淡定

一个皇帝想要整修在京城里的一座寺庙，他派人去找技艺高超的设计师，希望能够将寺庙整修得美丽而又庄严。

后来有两组人员被找来了，其中一组是京城里很有名的工匠与画师，另外一组是几个和尚。

由于皇帝不知道到底哪一组人员的手艺比较好，于是他就决定给他们机会作一个比较。

皇帝要求这两组人员，各自去整修一个小寺庙，而这两个组互相面对面。三天之后，皇帝要来验收成果。

工匠们向皇帝要了一百多种颜色的颜料，又要了很多工具；而让皇帝很奇怪的是，和尚们居然只要了一些抹布与水桶等简单的清洁用具。

三天之后，皇帝来验收。

他首先看了工匠们所装饰的寺庙，工匠们敲锣打鼓地庆祝工程的完成，他们用了非常多的颜料，以非常精巧的手艺把寺庙装饰得五颜六色。

皇帝很满意地点点头，接着回过头来看看和尚们负责整修的寺庙，他一看之下就愣住了，和尚们所整修的寺庙没有涂上任何颜料，他们只是把所有的墙壁、桌椅、窗户等等都擦拭得非常干净，寺庙中所有的物品都显出了它们原来的颜色，而它们光亮的表面就像镜子一般，无瑕地反射出从外面而来的色彩，那天边多变的云彩、随风摇曳的树影，甚至是对面五颜六色的寺庙，都变成了这个寺庙美丽色彩的一部分，而这座寺庙只是宁静地接受这一切。

皇帝被这庄严的寺庙深深地感动了，当然我们也知道最后的胜负了。

我们的心就像是一座寺庙，我们不需要用各种精巧的装饰来美化我们的心灵，我们需要的只是让内在原有的美，无瑕地显现出来。

如果你珍爱生命，请你修养自己的心灵。人总有一天会走到生命的终点，金钱散尽，一切都如过眼云烟，只有精神长存世间，所以人生的追求应该是一种境界。

心灵是智慧之根，要用知识去浇灌。胸中贮书万卷，不必人前卖弄。“人不知而不愠，不亦君子乎？”让知识真正成为心灵的一部分，成为内在的涵养，成为包藏宇宙、吞吐天地的大气魄。只有这样，才能运筹帷幄之中，决胜千里之外，才能指挥若定挥洒自如。

淡定的心灵智慧

修养心灵，不是一件容易的事，要用一生去琢磨。心灵的宁静，是一种超然的境界！高朋满座，不会昏眩；曲终人散，不会孤独。

第2章

淡定的内心不烦恼

浮华红尘中，有很多的诱惑迷惑着我们的欲望和心智，名誉、金钱、地位等各种诱惑让我们还不够坚定的心难得宁静。许多人整日被自己的欲望所驱使，好像胸中燃烧着熊熊烈火一样。一旦得不到满足，便好似掉入寒冷的冰窖中一般。生命如此大喜大悲，哪里有平静可言？

荣华富贵眼前花，何苦自己讨烦恼？平淡对名利，冷眼看尽繁华。宠辱不惊，看庭前花开花落；去留无意，望空中云卷云舒。

放弃名利一身轻

《清代皇帝秘史》中记述乾隆下江南时，来到江苏镇江的金山寺，看到山脚下大江东去，百舸争流，不禁兴致大发，随口问一个老和尚："你在这里住了几十年，可知道每天来来往往多少船？"老和尚回答说："我只看到两只船。一只为名，一只为利。"一语道破天机。

人之所以会烦恼，一个原因就在于人人皆存名利之心。"名"和"利"具有极大的诱惑力，名利欲常使人丧失理智，神魂颠倒。俗话说，"世界上莫如人欲险。"如果抵制不了名利的诱惑，很容易将自己拉入万劫不复的深渊。

置人生的意义于不顾，将追名逐利误作为获取幸福的过程，这是一个很大的误区。虽然几乎人人明了名利乃身外之物，不能过于追求，可难得几人能淡泊名利，超然于此。

明成化年间，兵部左侍郎李震已三年孝满，久盼能升至兵部尚书，恰好这时兵部尚书白圭被免职，机会难得。不料朝廷命令由李震的亲家、刑部尚书项忠接任。满怀希望的李震大为不满，对他的亲家埋怨说："你在刑部已很好了，何必又钻到此处？"

过了些天，李震脑后生了个疮，仍尽力上朝参拜，同僚们戏语说："脑后生疮因转项。"（意指项忠从刑部转官而来。）李震回答说："心中谋事不知疼。"他仍然汲汲于功名，不死其心。

在生活中，如同李震一般在官场上钻营的人又何止少数？人人都需要上进心，然而一心向上爬只是为了获得更多的名利，甚至不惜丧失原则，这就为人所鄙视了。

与李震这种人相比，居功不傲、名重不诩的人总会得到历史的青睐。

东汉时期的中兴名将冯异被人誉为大树将军。他作战勇敢，常常一马当先；他善于谋略，能够料敌于先，出其不意；他治军严明，关心百姓，为东汉建立了卓越的功勋。同时他沉稳内敛，对上恭谨，对平辈谦虚，对下温和，为人谦退，从不居功自傲，不愧为一代良将。

冯异为人谦逊有礼，与其他将领在路上相遇，都能引车避道，而且他本来就有统率正规部队和治理郡县的才能与素养，又具备良好的作风。他率领的部队整齐，进止皆有章法，所以他很快就成为刘秀全军的模范，因此，刘秀把他视作心腹之臣。

冯异屡立赫赫战功。然而，每当刘秀对部下论功行赏的时候，冯异总是独自躲到一旁，只字不提自己的杀敌军功，而是独自一人坐在大树下默默无言地思考战斗的经验教训。

后来，刘秀准备把收集的散卒分配给诸将。结果，兵士们都踊跃地报名自愿归"大树将军"麾下。他们认为"大树将军"不但不居功自傲，而且把功劳归于将士群众，所以都愿意归附于他。

元好问有诗云："名场奔走竞官荣，一纸除书误半生。笑向槐花问前事，为君忙了竟何成？"虽然人人难以做到放弃名利之心，但是应该对名利有一个正确的认识。

淡定的心灵智慧

人们只看到名利的光鲜亮丽，却忽视了名利背后的阴暗丑陋。当人们以一颗淡泊之心看待名利时，就不会对名利顶礼膜拜了。

过多的奢求徒增烦恼

为什么你的心灵总是有那么多似乎无休无止的负累？你总是陷入“得不到”的心理困境中黯然神伤。其实生活中的许多道理是确确实实存在的，作为一个人来说，不应有太多的奢求与杂念，否则只能徒增自己的烦恼。

每个人都有种种欲望，有的人有控制自我的能力，就能克制这些欲望；有的人却任随这些欲望的发展，他们不仅使自己屈从于自私的欲望，而且还使自己受那些与自己类似之人的奴役，别人做什么，他们也做什么，他们必定会按照他们那一阶层的虚假的生活标准生活，像他们一样消费，而丝毫不顾后果。与此同时，他们为了欲望与虚荣会拼命追求一种高于他们平均水平的生活标准。

每种欲望都会轻易地俘虏他们，因为他们缺乏自制力。他们没有道德勇气去克制欲望。他们不能抵御各种自私的名利的诱惑，虽然这可能要以牺牲他人利益为代价，他们渐渐地不在乎欠债，直到这些欠债开始奴役、摆布他们为止，所以他们面临压力完全是自作自受、自食其果。

每个人都在追求幸福，但却没有几个人是真正幸福的，甚至有些人已经生活在幸福中，却还是感觉不满足，明显的是生在福中不知福。一个人如果陷入无限的渴求之中，被物欲所牵制，就会被心理上的饥饿感所折磨，就会沦入心理不平衡的困窘状态。

我们面对的是越来越紧张的生活和利益冲突，我们绷紧神经防御每个人，也紧紧盯着每一杯羹，却忘记了要给自己的精神松松绑，一味地为了金钱，反使我们平添了许多无法摆脱的纠缠与不快。

如果我们习惯于往身上或房间里洒一点香水，在沁人的香气中聊以自慰：这样就会驱散身上和房间里的异味，使空气变得芬芳清新，让人感到舒畅起来。这个道理同样适用于人的情感。

淡定的心灵智慧

不要让心灵被物质牵绊，尽量往大脑里增添令自己振奋的情绪，那么你就会变得快乐，就会有好心情。

淡泊欲望，淡对诱惑

许多人烦恼、不快乐是因为欲望不能实现。欲望太盛就成了害人的东西。托尔斯泰说：“欲望越小，人生就越幸福。”的确，这是一个极具诱惑力的社会，这是一个欲望膨胀的年代，人们的心里总是塞满欲望和奢求，追名逐利的现代人，总是奢求穿要高档名牌，吃要山珍海味，住要乡间别墅，行要宝马香车。一切都被欲望支配着。如果实现不了，他们就会感觉无奈、愤怒、生闷气。

法国杰出的启蒙哲学家卢梭曾对物欲太盛的人作过极为恰当的评价，他说：“十岁时被点心、二十岁被恋人、三十岁被快乐、四十岁被野心、五十岁被贪婪所俘虏。人到什么时候才能只追求睿智呢？”的确，人心不能清净，是因为欲望太多，欲望的沟壑永远填不满，人心永不知足，没有家产想家产，有了家产想当官，当了小官想大官，当了大官想成仙……精神上永无宁静，永无快乐。

托尔斯泰曾讲过这样一个故事：有一个人想得到一块土地，地主就对他说，清早，你从这里往外跑，跑一段就插个旗杆，只要你在太阳落山前赶回来，插上旗杆的地都归你。那人就不要命地跑，太阳偏西了还不知足。太阳落山前，他是跑回来了，但人已精疲力竭，摔个跟头就再没起来。于是有人挖了个坑，就地埋了他。牧师在给这个人做祈祷的时候说："一个人要多少土地呢？就这么大。"

人生的许多沮丧都是因为得不到想要的东西。其实，我们辛辛苦苦地奔波劳碌，最终的结局不都是只剩下埋葬我们身体的那点土地吗？伊索说得好："许多人想得到更多的东西，却把现在所拥有的也失去了。"这可以说是对得不偿失最好的诠释了。

其实，人人都有欲望，都想过美满幸福的生活，都希望丰衣足食，这是人之常情。但是，如果把这种欲望变成不正当的欲求，变成无止境的贪婪，那我们就无形中成了欲望的奴隶了。在欲望的支配下，我们不得不为了权力，为了地位，为了金钱而削尖了脑袋向里钻。

我们常常感到自己非常累，但是仍觉得不满足，因为在我们看来，很多人比自己的生活更富足，很多人的权力比自己大。所以我们别无出路，只能硬着头皮往前冲，在无奈中透支着体力、精力与生命。

扪心自问，这样的生活，能不累吗？被欲望沉沉地压着，能不精疲力竭吗？静下心来想一想，有什么目标真的非让我们实现不可，又有什么东西值得我们用宝贵的生命去换取？让我们斩除过多的欲望吧，将一切欲望减少再减少，从而让真实的欲求浮现。这样，你才会发现真实的、平淡的生活才是最快乐的。

面对外界的各种变化不惊不惧、不愠不怒、不暴不躁。而对物质引诱，心不动，手不痒。没有小肚鸡肠带来的烦恼，没有功名利禄的拖累。活得轻松，过得自在。白天知足常乐，夜里睡觉安宁，走路感觉踏实，蓦然回首时没有遗憾。

淡定的心灵智慧

拥有这种超然的心境，你就能做起事来不慌不忙、不躁不乱、井然有序。

荣辱毁誉不上心

苏东坡一生多次被贬，甚至坐过大牢，差点将小命丢掉。然而，他对自己遭遇的荣辱很豁达，这与他得益于禅的领悟不无关系。自他修禅开悟之后，沉浮不伤其情，苦乐不动其心。他在连连遭贬之时，还是那么超然洒脱：“心似已灰之木，身如不系之舟。问汝平生功业，黄州惠州儋州。”

东坡被发配到惠州时，结识了禅友刘世安。刘世安知道他与丛林之中那些著名的禅师多有来往，就请他接引，也想结识一些精通佛法、功行深厚的禅师，以便随时请教。一天雨后，东坡居士前来邀请刘世安，说是共同去参谒“玉板”禅师。东坡还说，“玉板”禅师不但善于演示佛法真谛，而且能拯救人的性命。

刘世安听他说得神乎其神，就乐颠颠地跟随他来到城外的一座寺院。然而，东坡既不进讲经说禅的法堂，也不到高僧居住的方丈室，而是将他带到了寺院后面的竹林之中。春雨过后，正是竹笋破土时。东坡采来鲜嫩的春笋，剖成薄片，在火上烧着吃。

刘世安从未吃过如此美味，便向有美食家之称的东坡请教这道佳肴的名称。东坡大笑，指着颜色像美玉一样温润、质地像玉石一样细腻的笋片说：“此名玉板。此老不但将自然法则演示得惟妙惟肖、生动活泼，而且能解馋充饥。”

这时，刘世安才知道，东坡所说的“玉板”禅师，即是鲜嫩的竹笋。

东坡见他不解其中奥妙，面露失望之色，便以诗意说禅机，吟诵道：

丛林真百丈，法嗣有横枝。
不怕石头路，来参玉板师。
聊凭柏树子，与问箨龙儿。
瓦砾犹能说，此君那不知？

人生一世，坎坎坷坷，有荣耀也有毁誉，有飞黄腾达之时，也有落魄潦倒之日，这一切需要我们坦然以对。庄子说过，不追求官爵的人，不因为高官厚禄而喜不自禁，不因为前途无望贫困贫乏而随波逐流，趋势媚俗。荣辱毁誉面前一样达观，才能坦然无愁。

追求恬淡的人，不会患得患失，斤斤计较；没有强烈欲望，邪恶烦恼就不会侵袭他的身心。在荣辱毁誉问题上，做到难得糊涂、去留无意，潇洒自如、宠辱不惊，做到“是是非非不入耳、荣辱毁誉不上心”。

淡定的心灵智慧

人生在世，要把功名利禄、荣辱毁誉看得淡一些，追求内心的恬淡。

鲜花荣誉面前清醒淡定

很多人在逆境中往往能够保持冷静，而在顺境和成功面前，却容易迷失自己，甚至不知不觉陷入鲜花的陷阱。

一位银行的分行行长，有一次，他到天津参加了一个“特殊”的培训班，事后讲起这次培训经历，他感触非常深。原来他们是去天津的一个监狱里听课，而给他们上课的，是一些因为经济问题而身陷牢狱的银行领导。他们的犯罪历程几乎如出一辙：因为手中握有权力，经常受到追捧，被人授以“恩惠”，慢慢地迷失了自己，最终走上了犯罪的道路。他们的现身说法，让这位朋友触动很大，他感慨地说：“越是成功的时候，越应该保持清醒，鲜花背后，往往隐藏着陷阱。”

1961年4月12日，苏联宇航员尤里·加加林乘坐“东方1号”航天器，绕地球飞行108分钟后返航，成为人类进入太空的第一人。加加林因此成为超级明星，走到哪里都被光环笼罩着。

在鲜花和掌声的包围下，加加林不免有些飘飘然，甚至开始无视交通法规，经常开快车闯红灯。有一天，他又闯了红灯，还撞翻了另一辆汽车，万幸的是，他和另一辆车的司机都只受了轻伤。这本来是加加林的责任，但交警一眼就认出了他，于是连忙举手行礼，并表示要“追究肇事者的责任”。而对方是一位退休的长者，他虽然受了伤，但看见面前站着的是加加林，也赔起了笑脸。随后，警察拦下一辆过路汽车，嘱咐司机将加加林安全送到目的地，下一步，则准备将全部责任记在老人身上。

尽管加加林坐上了车子，但老人的苦笑和受伤后的表情却一直在他脑海中挥之不去。这一刻，加加林的淳朴本性复苏了，他让司机迅速开回出事地点，向警察和老人诚恳地认了错，并帮助老人修好了汽车，承担了全部费用。

加加林的故事，给了我们很大启示：只要你有地位，就有人来讨好你，将鲜花、掌声给予你，甚至给予你种种特权。如果自己看不到这些东西后面的陷阱，哪天就有可能出现想象不到的问题甚至灾难。

开始时，加加林在光环面前有些迷失，但值得庆幸的是，他最终明白：光环荣耀并不代表自己可以高高在上，拥有特权，否则，自己在人民心中高大形象总有一天会倒塌。

所以很多表面看似好的东西，未必就真的好，也可能是糖衣炮弹，甜蜜的陷阱。如果不懂得主动空杯，就会迷失方向！

为什么会这样呢？究其原因，不外乎是在他人的追捧下，在鲜花和掌声中降低甚至丧失了拒腐防变的能力。

淡定的心灵智慧

在成功时，在鲜花面前，不妨淡然一点，多一点脚踏实地，少一点飘飘然。

名利富贵如过眼烟云

一个人如果太爱名利富贵，那么就会被名利富贵所控制。

汉武帝在位的时候，朝中有三位十分出名的大臣：汲黯、公孙弘和张汤。这三个人中，汲黯进京供职时，已经有很深的资历，而且官职也很高了。当时公孙弘和张汤还是很小的官，而且职位相当低。但这两个人被提拔得很快，后来公孙弘被拜为相国，而张汤也成了御史大夫，官职都在汲黯之上。

汲黯看到这两个曾经的小官，现在居然在自己之上，心里特别不服气。于是很想找个机会去找汉武帝评评理。

有一天，散朝以后所有的大臣都退了出去，汉武帝也正准备回宫。汲黯赶紧上前去对汉武帝说，他有话要讲。汉武帝问有什么事。

汲黯说："农夫堆积柴草时，总是把先搬来的柴草放在底层，把后搬来的放在上面，不知道陛下觉不觉得那先搬来的柴草太委屈？"

汉武帝一听就明白了汲黯的意思，但他故意想让汲黯自己说出他的想法。

汲黯看到汉武帝很是感兴趣，于是大胆地说："公孙弘、张汤原来只不过是小官，无论是资历还是基础都远在微臣之后，但是现在他们都一个个后来居上，职位也比微臣高了许多，陛下这样来提拔官吏和那堆放柴草的农夫有什么分别？”

汉武帝听了很不高兴，他觉得汲黯太不通情理了。于是什么话都没有说，拂袖而去。后来他对汲黯更加置之不理，而汲黯在官职上也只能在原地踏步了。

汲黯把名利富贵看得太重了些，并不是上进的表现。

其实名利富贵是实现自己梦想的资源，它不过是个手段，而不是结果。如果谁拿名利富贵去当结果的话，以后肯定会后悔自己当初怎么会那么傻，傻得可怜和可悲。

一个人追求名利富贵，应该不是为了享受，而是为了实现自己的一些想法，人总有些想法，如果在有生之年不能实现，临死的时候一定会十分遗憾，十分后悔的。为了不遗憾不后悔，人要对名利富贵有所追求。但是如果追求名利富贵会失去一些最基本的东西，比如自由和自尊，那么宁愿不要，否则到老的时候会有比遗憾更深一层的悔恨。

淡定的心灵智慧

名利富贵是重要的，但绝对不是最重要的。名利富贵不是根本的，根本的东西是我们的生存之本，而重要的东西是我们的追求。

人生不满百，何须名利忧

金钱名利是大部分人一生追求的目标，是衡量人生成败的标尺。但是，淡泊金钱名利无疑是高雅超俗的，看淡金钱名利也是人生追求的一种态度，一种风格。

看淡金钱名利是有道理的。自古以来，有多少人为了权力甚至抛弃了尊严、抛弃了爱情、抛弃了人格、抛弃了一切。现在的社会上有很多人都是因为追求金钱与权力，从而让人疯狂或死亡。因此，不要因为寻找一时的痛快而放下我们的初衷。其实人只要快乐就好，快乐不是要有多少的金钱，不是要有多大的权力，而是拥有真爱，渴望真爱。

我们可以对自己说不在乎名利和金钱，不在乎那些头上的光环。我们也可以说平淡的一生也很好，平凡地生活，高兴地活着。我们还可以说再大的权力再多的金钱，在我们离开这个世界的时候也都会化为乌有，这就是人们说的“生不带来死不带去”，因此，那些金钱和权力在我们离开时也无可用武之地。

郑板桥的一生非常坎坷，历尽了沧桑，但是他始终能以乐观的心态对待。他因为帮助农民胜诉及办理赈济得罪了豪绅而被罢官，但是他并没有因此而忧郁沮丧，也没有因官场失意而耿耿于怀，而是毅然返回故乡，寄情于诗、书、画中，恬淡欢乐地度过晚年。

看淡金钱名利，这是郑板桥养生长寿之术。郑板桥一生当中，为人处世，不为名利，不计得失，言行一致，表里如一。他曾经写过两条著名的字幅，即“难得糊涂”和“吃亏是福”。他的这两条字幅蕴含着极为深刻的哲理，就是不要去计较名利的得与失，求得心安，这是其核心思想，也是他一生中为人处世的准则。

金钱是幸福生活的必要条件，然而金钱并不等于幸福，因为人类不能没有精神生活。物质生活富裕而精神生活空虚的人，就不会有真正的幸福。正如人们所说：金钱能买床铺，但不能买睡眠；能买书，但不能买智慧；能买食物，但不能买食欲；能买奢侈品，不能买教养；能买房屋，不能买家庭；能买娱乐，不能买幸福；能买药，不能买健康；能买仆役，不能买友谊。

有一些人却把金钱奉为上帝，为钱财名利铤而走险，抵御不了金钱名利的诱惑……古往今来，金钱作为特殊商品给我们的生产生活带来了便利，也酿成了无数悲剧。

过分看重名利，你就会整日绷紧神经，挖空心思地活着。过分看重名利，你就会心浮气躁，如负重的老牛一样活得又累、又烦。过分地看重名利，你常会茶饭不香、失魂落魄。声显名赫自然是好，位高权重更加诱人。但是世上平平淡淡的凡人总是大多数，他们就需要正确对待名利金钱，需要对这些身外之物拿得起放得下，人生才能活得潇潇洒洒。

淡泊金钱与名利，就是要超脱红尘的诱惑和世俗的困扰，真真实实地对待一人一事，豁达乐观地去看一得一失。淡泊名利，就要面对生活的山水时时登高放歌、临风把酒，宠辱不惊。

淡泊金钱与名利，既不是老庄的与世无争，也不是毫无激情的冷眼旁观，更不是陶氏的隐遁山水、悠然南山。淡泊金钱与名利，其实就是一种更广阔的胸怀。是超越尘俗，直追人生真谛的积极态度。

淡泊金钱与名利，人们就会拥有一个好的心境。天雨人悲、月黯神伤的困惑便会离你而去；无论何时，你都会平平淡淡开开心心。淡泊金钱与名利，你会感到人生的美好和生活的温馨。

淡定的心灵智慧

人生不满百，何须名利忧。淡泊金钱与名利，日日是好日，天天有风景。

清心寡欲，身心安定

老子强调清静无为，反映在精神修炼上就是清心寡欲。所谓清心，就是思想清静安宁而无杂念；寡欲，就是不要有过多的欲望，对不良的私欲要节制。道家认为，一个人私欲、杂念太多，精神就要受到煎熬，就不能长生久视。

很多时候，当我们处在困窘的处境中，似乎会有更多的渴望，然而，太多不切实际的杂念，也往往是我们登上人生顶峰的最大阻碍。

蒙克夫是一位国际著名的登山家，他曾经在没有携带氧气设备的情况下，成功地征服了海拔6500米以上的高峰，这其中还包括世界第二高峰——乔戈里峰。

其实，许多登山高手都以不带氧气瓶而能登上乔戈里峰为第一目标。但是，几乎所有的登山好手来到海拔6500米处，就无法继续前进了，因为这里的空气变得非常稀薄，几乎令人感到窒息。

因此，对登山者来说，想靠自己的体力和意志，独立征服8611米的乔戈里峰峰顶，确实是一项极为严峻的考验。

然而，蒙克夫却突破障碍做到了，他在事后举行的记者招待会上，说出了这一段历险的过程。

蒙克夫认为，在突破海拔 6500 米的登山过程中，最大的障碍是心里各种翻腾的欲念。

因为，在攀爬的过程中，任何一个小小的杂念，都会让人松懈意念，转而渴望呼吸氧气，慢慢地让人失去冲劲与动力，而“缺氧”的念头也会开始产生，最终让人放弃征服的意志，接受失败。

蒙克夫说：“想要登上峰顶，首先，你必须学会清除杂念，脑子里杂念愈少，你的需氧量就愈少；你的欲念愈多，你对氧气的需求便会愈多。所以，在空气极度稀薄的情况下，想要登上顶峰，你就必须排除一切欲望和杂念！”

与此类似的是佛门中的高僧大师，虽然常年吃素，饮食简单，过午不食——每天只吃两餐甚至一餐，但身心健康，精力充沛，寿命高于常人。奥秘何在？其中最重要的一点，也正在于排除一切欲望和杂念，身心安定、清净、祥和。

生活中最难做到的，不是寻找最后的结果，而是在寻找的路途上能不受诱惑，并奋力不懈地直达目标。因为，任何停滞与迟疑的念头，都会让人忘记前进，甚至失去起步时勇往直前的冲劲。

淡定的心灵智慧

身心清净，没有欲望和杂念的干扰，才能达到身心安定、无烦无恼的祥和境界。

知足常乐，恬淡洒脱

有位作者和朋友聊天，朋友说正为这一段时间老是做噩梦而痛苦。这位作者问及所梦内容，几乎全是梦见为了一点私利而与别人纠缠不休，甚至大打出手，好生苦恼。这位作者便装作行家，为之解梦，劝他放下最近手中的生意，到处走走，躲一下“小人”，便可不再做噩梦。

这位作者认为：朋友心中有事，自然不得清闲，即使在睡梦中也一样。而醒来时，更是驱赶此身，作无尽的追求。当时没敢与朋友直言，其实真正的“小人”是自己，是自己白日里老是想着为了蝇头小利去与人纠缠，所以才梦里不得安宁。

如果整天为名利所累，万事扰心，不得安宁，即便物质生活上锦衣玉食，但精神压力不能排解，也只能悉苦万端。

天下熙熙，皆为利来；天下攘攘，皆为利往。利当然是社会发展最有效的润滑剂，但不可过于看重名利，过于为名利奔波不休。随着商品经济的发展，我们每个人都生活在讲究效益的环境里，完全不言名利也是不可能的，但应正确对待名利，最好是“君子言利，取之有道；君子求名，名正言顺”。

当然，最好的活法还是淡泊名利。因为名字下头一张嘴，人要是出了名，就会招为嫉妒，受人白眼，遭到排挤，甚至有可能由此而种下祸根。

正如古语所说："木秀于林，风必摧之；堆出于岸，流必湍之；行高于人，众必非之。"而利字旁边一把刀，既会伤害自己，也可能伤害别人，小利既伤和气又碍大利。如果认为个人利益就是一切，便会丧失生命中一切宝贵的东西。

心是人的主宰，名利皆由心而起，心中名利之欲无休止的膨胀，人便不会有知足的时候。欲望就像与人同行，见到他人背有众多名利走在前面，便不肯停歇，而想背负更多的名利走在更前面，结果最后在路的尽头累倒。知足者能看透名利的本质，心中能拿得起放得下，心境自然宽阔。

一个人如若养成看淡名利的人生态度，面对生活，他也就更易于找到乐观的一面。但许多人口口声声说将名利看得很淡，甚至做出厌恶名利的姿态，实际是内心中无法摆脱掉名利的诱惑而做出自欺欺人的姿态，未忘名利之心，所以才时时挂在嘴边。好作讨厌名利之论的人，内心不会放下清高之名，这种人虽然较之在名利场中追逐的人高明，却未能尽忘名利。这些心口不一的人，实际上内心充满了矛盾，但名利本身并无过错，错在人为名利而起纷争，错在人为名利而忘却生命的本质，错在人为名利而伤情害义。

如果能够做到心中怎么想，口中怎么说，心口如一，本身已完全对名利不动心，自然能够不受名利的影响。那么不但自己活得轻松，与人交往也会很轻松了。

林语堂曾告诉我们满足的秘诀，在于知道如何享受自己所有的，并能驱除自己能力之外的物欲。所以，从现在开始就开始审视你那不知足的人生吧！

淡定的心灵智慧

人生待足何时足？名利是无止境的，只有适可而止，才能知足常乐。

浮华世界保持平常心

在物质世界中，人与人之间存在着太多的利益纠葛和名利纷争。面对人世间名利的得失，是以平常心淡然处之，还是梦回无数、念念不忘的纠缠不放，这两种选择，是对一个人思想境界高低的检验。人世间真正的修炼人和拥有大智慧的人心淡如水，得誉不惊，受辱不躁，不以物喜，不以己忧。能以平常心面对人世间的名利得失，那种超然的气度与风骨是一般人望尘莫及的。平常心是一种崇高的精神境界，它是一种恬淡洒脱，气定神闲的心态。

面对物质世界的名利浮华，若能拥有宠辱不惊的胸怀以平常心淡然处之，这人世间的确再也没有可以让人畏惧的因素。为名所累、为利所缚、为欲所惑都是庸俗之人所为，常怀感恩之心、常存知足之念，以平常心面对名利得失，是排除烦恼与恐惧的至胜法宝。平常心是红尘人世中难以看破的大智慧，它是历经繁华之后的淡泊超脱，是一种良好的人生态度。中国的道家始祖老子曾说过“祸兮福之所依，福兮祸之所伏”，有些事看起来是坏事，但事情的进展和变化却出乎人的意料竟成了好事。而有些明明是好事却反而变化成了坏事。人生如此，自然界的万物也是如此，看透了这层道理就不必执着于人世间的得失。

人需要的是一颗平常心。拥有一颗平常心，我们就能淡然地面对贫富与荣辱，坦然地面对名利与浮华，畅然地面对物喜己悲，悠然地享受生活，净化我们的心灵。怀有平常心，我们就能使自己从私念物欲中摆脱出来，淡泊明志，宁静致远。

正如佛语云：平常心是中庸的处世心态，既不清心寡欲，也不声色犬马；既不自命清高，也不妄自菲薄；既不吹毛求疵，也不委曲求全。可以说，一个人能够保持平常心，便达到了修身养性的最高境界。

平常心并不是可以轻易拥有的，它是智者历经磨难与挫折之后的一种心灵上的感悟，也是一种精神上的升华。以平常心处世就能使自己从物欲中摆脱出来，真正的达到淡泊明志、宁静致远的高尚境界。

对那些视金钱如粪土的专心于社会建设的人来讲，平常心更能使他们排除杂念，做好自己的事业；对那些渴望实现自己的远大抱负的人来讲，平常心使他们拥有更多的时间来使之成为现实；对那些回首往事不再后悔的过来人，平常心可以使他们问心无愧、心情轻松地享受晚年。

我们需要平常心来感受真实，陶冶情操，体味平淡琐碎中的缕缕深情；我们需要平常心来独守孤独寂寞，走过泥泞风雨，潜心播种与耕耘；我们同样也需要平常心来抚慰创伤，化解恩怨，梳理愁绪，擦净心灵上的污垢。

淡定的心灵智慧

用平常心面对名利浮华，做事情才会坦然、轻松，生活才能宁静、祥和。

宠辱不惊，望天空云卷云舒

《小窗幽记》中有这样一副对联：宠辱不惊，看庭前花开花落；去留无意，望天空云卷云舒。

这句话的意思是说：为人做事能视宠辱如花开花落般平常，才能不惊；视职位去留如云卷云舒般变幻，才能无意。

现在的人大多觉得活得很累，不堪重负。大家很是纳闷，为什么社会在不断进步，而人的负荷却越来越重，精神变得越发空虚了？

的确，社会在不断前进，也更加文明了。

然而，文明社会的一个缺点就是造成人与自然的日益分离，人类以牺牲自然为代价，其结果便是陷于世俗的泥淖而无法自拔，追逐于外在的礼法与物欲而不知什么是真正的美。

金钱的诱惑、权力的纷争、宦海的沉浮让人殚精竭虑。是非、成败、得失让人或喜、或悲、或惊、或诧、或忧、或惧，一旦所欲难以实现，一旦所想难以成功，一旦希望落空成了幻影，就会失落、失意乃至失志。

失落是一种心理失衡，自然要靠失落的精神现象来调节；失意是一种心理倾斜，是失落的情绪化与深刻化；失志则是一种心理失败，是彻底的颓废，是失落、失意的终极表现。而要克服这种失落、失意、失志就需要宠辱不惊、去留无意。

一副对联，寥寥数语，却深刻道出了人生对事对物、对名对利应有的态度：宠辱不惊、去留无意。这样才可能心境平和、淡泊自然。

范仲淹是北宋著名的政治家，“庆历新政”的代表人物。正因为他谨守“先天下之忧而忧，后天下之乐而乐”的人生宗旨，所以当他被谪至邓州时，能从容处之。

从范老夫子这里，不难窥见一种自尊自强的人格魅力，一种淡泊名利的洒脱和机智。

宠辱不惊说起来容易，做起来却十分困难。

我们都是凡夫俗子、草根百姓，红尘的多姿、世界的多彩令大家怦然心动，名利皆你我所欲，又怎能淡然视之、宠辱不惊呢？

否则，也不会有那么多的人穷尽一生去追名逐利，更不会有那么多的人失意落魄、心灰意冷了，我国古代的贬官文化即是此明证。

这关键是一个你如何对待与处理的问题。

首先，要明确自己的生存价值，由来功名输勋烈，心底无私天地宽。若心中无过多的私欲，又怎么会患得患失呢？

其次，认清自己所走的路，不要过分看重成败，不要过分在乎别人对你的看法。只要自己曾经奋斗过，做自己喜欢做的事，按自己的路去走，外界的评说又算得了什么呢？

著名的社会活动家、杰出的爱国宗教领袖赵朴初先生遗作中写道："生亦欣然、死亦无憾。花落还开，水流不断。我兮何有，谁欤安息。明月清风，不劳牵挂。"

这正充分体现了一种宠辱不惊的达观、崇高的精神境界。

淡定的心灵智慧

只有做到了宠辱不惊方能心态平和，恬然自得，方能达观进取，笑看人生。

第3章

诱惑的世界要淡定

行走于浮躁喧嚣的繁华世界，我们需要保持宁静淡然的心。沉静是一种至上的境界。在众声喧哗的世间，给心灵一个安放之所，在静寂中凝视亘古不语的大山，解读广袤无垠的苍穹，体味生命的平凡与伟大，绽放出最淡然的底蕴，回归真实的自己。

浅水喧哗，深水沉静。世界喧嚣，我心淡定。

安抚一颗浮躁的心

在我们的心灵深处，总有一种力量使我们茫然不安，让我们无法宁静，这种力量叫浮躁。浮躁就是心浮气躁，是成功、幸福和快乐最大的敌人。从某种意义上讲，浮躁不仅是人生最大的敌人，而且是各种心理疾病的根源，它的表现形式呈现多样性，已渗透到我们的日常生活和工作中。

在浮躁的心态下，做什么事情总是浅尝辄止，看书一掠而过，做事这山望着那山高，总是希望鱼与熊掌兼得。但在事实上，这种浮躁的心情对我们的成功没有任何帮助，反而成了阻碍成功的绊脚石。因为浮躁，我们把应该冷静思考问题的时间放在自寻烦恼、患得患失上；因为浮躁，我们总是在想着事情的最后成果，急于看到我们所做的工作的成果，凡事都急于求成。

一条河隔开了两岸，此岸住着凡夫俗子，彼岸住着僧人。凡夫俗子们看到僧人们每天无忧无虑，只是诵经撞钟，十分羡慕他们；僧人们看到凡夫俗子每天日出而作，日落而息，也十分向往那样的生活。日子久了，他们都各自在心中渴望着：到对岸去。

终于有一天，凡夫俗子们和僧人们达成了协议。于是，凡夫俗子们过起了僧人的生活，僧人们过上了凡夫俗子的日子。

没过多久，成了僧人的凡夫俗子们就发现，原来僧人的日子并不好过，悠闲自在的日子只会让他们感到无所适从，便又怀念起以前当凡夫俗子的生活来。

成了凡夫俗子的僧人们也体会到，他们根本无法忍受世间的种种烦恼、辛劳、困惑。于是也想起做和尚的种种好处。

又过了一段日子，他们各自心中又开始渴望着：到对岸去。

任何一种事情做久了都会令人心生厌倦、感到没有出路。其实，问题也许并非出在事情本身，而只是人的心理作用。

淡定的心灵智慧

在人生旅途中，永远都不要忘记随时调整浮躁心态，因为旅途的突破取决于人自身的突破。

过滤浮躁，沉静做人

浮躁是一种普遍的社会心态，没有什么可怕。只要我们让自己的头脑稍微保持一点儿清醒，不因浮躁而紧张，我们的心便会随之恢复平静，生活也会变得像以前一样容易掌控。

与浮躁相对的就是务实，心浮气躁的人缺乏的就是脚踏实地做事情的精神，他们往往是眼高手低。这就要求我们培养自己的务实精神，可以帮助克服心浮气躁的缺点。改变浮躁之气，就是要脚踏实地，凡事讲认真。认真，就是不放松对自己的要求，就是严格按规则办事做人，就是在别人苟且随便时自己仍然坚持操守，就是高度的责任感和敬业精神，就是一丝不苟的做人态度。

如果每个人都能凭着良心做事，不怕困难，不半途而废，那么不但可以减少失败，而且可使每个人都具有高尚的人格。养成了敷衍了事的恶习后，做起事来往往就会不诚实。这样，人们最终必定会轻视他的工作，从而轻视他的人品。

认真的精神，其实是对自己、对他人、对家庭和社会的高度责任感。做事能否认真，与是否有耐心关系密切。许多人做事只图快，只图省力气，怕麻烦，于是偷工减料，“萝卜快了不洗泥”，这样作出的“成果”必然是经不起检验的。商品社会让我们越来越缺乏耐性，金钱正在大口地吞噬着我们的耐性，把我们搞得无比浮躁。而这种“浮躁”，这种“缺乏耐性”，正是为人处世不再认真、充满着“浮躁心”的突出表现。

能否认真做事，不但是个行为习惯的问题，更反映着一个人的品行。很难想象一个整天只图自己安逸和舒服，只想着走捷径取巧发财的人，会不辞劳苦又认认真真地去做好该做的事。认真做事的前提，是认真做人。

以下是克服浮躁心理的具体步骤：

1. 立长志，而不是常立志

这点对于防止浮躁心理的滋生和蔓延是十分有利的。立志要扬长避短。根据自己的特点来确立目标，才会有成功的希望，千万不要赶时髦。立志不在于多，而在于“恒”。要防止“常立志而事未成”。

2. 不可急于求成

即使事情再紧急，我们也不能急于求成，而应认真地对事情进行综合分析，避免浮躁心理的滋生。很多人在处理问题时往往认为时间紧迫，就想一口吃成胖子。这种因浮躁而进行的仓促行动，很难有完善的结果。

3. 重视行为习惯

做事情要先思考，后行动。比方出门旅行，要先决定目的地与路线；上台演讲，应先准备讲稿。在做事之前，经常问自己这样一些问题：“为什么做？怎么做？希望什么结果？”并要具体回答，写在纸上，使目的明确，言行、手段具体化。做事情要有始有终，不焦躁，不虚浮，踏踏实实做每一件事。一次做不成的事情就一点儿一点儿分开做，积少成多，积沙成塔，累积到最后即可达到目标。

4. 有针对性地“磨炼”

可以采取一些措施，有针对性地“磨炼”自己的浮躁心理。如练习书法，学习绘画、弹琴、下棋等，有助于培养耐心和韧性。此外，还要学会调控自己的浮躁情绪。在做事时，可用语言进行自我暗示。如：“不要急，急躁会把事情办坏。”“不要这山看着那山高，这样会一事无成。”“坚持就是胜利。”只要坚持不断地进行心理上的练习，浮躁的毛病就会慢慢改掉。

5. 用榜样教育

身教重于言教。以勤奋努力、脚踏实地工作的良好形象为榜样，改善自己的言行。还可以用革命前辈、科学家、发明家、劳动模范、文艺作品中的优秀人物以及周围同事的优良品质来对照检查自己，督促自己改掉浮躁的毛病，培养勤奋不息、坚韧不拔的优良品质。

做事是否认真，体现着一个人的生活态度、敬业精神。只有那些有着严谨的生活态度和满腔热忱的敬业精神的人，才会认真对待每一件事，不做则已，要做就一定要尽心尽力做好。这样的人也往往会得到别人的信任，为自己打开成功之门。

淡定的心灵智慧

在浮躁的世界，我们需要保持一颗沉静淡定的心，做事时要从实际出发，不要异想天开、朝三暮四，而应脚踏实地，认真务实。

越攀比，越淡定

这样的事情我们经常能见到——

“你看，人家的老公多威风。三楼的阿强开个出租车，一个月挣三四千没问题。对面的老张坐在家中搞写作，每个月的稿费单就有几十张，少说也有两三千。你看你，钱没钱，车没车，单位又不好，我怎么这样没福气，当初就看上你呢？”

人比人是一种较常见的心理活动，若能以积极的心态进行比较，不仅没有什么害处，还可激励人们的斗志，鼓舞奋发进取精神。反之，若用消极的心态攀比，不仅会迷失方向，甚至可点燃嫉妒之火，所谓“人比人，气死人”就是嫉妒心理作怪的恶果。所以关键在于你与人比什么？怎么比？

现实生活中“人比人，气死人”的事虽不多见，但把人气得够呛的却不少见，在一些私心较重、心理欲望较高的人群中发生的概率会更高些。这些人往往心胸较窄，好以己之长比人之短，好计较个人名利得失，这样越比就会越感到自己是“吃了亏”或“运气不好”，甚至埋怨自己“生不逢时”。如看到自己的同事、同学当了官、发了财或学业上有了成就，自己的心理就不平衡，老想当初他学习不如自己，进步也没我快等往事，可就是不去追究他后来进步快的原因或动力。

当然，社会上的事情错综复杂，不排除机遇与运气方面的因素，什么事都要公平、合理是根本不可能的。对此需要有一颗平常心，这样就可以省去许多麻烦。假使你事事斤斤计较，什么都要分个高低，就难免掉进自找烦恼的泥坑。

“有比较才有鉴别”是一句名言，如果我们在与人的比较中把自己摆到一个客观、公正的位置，实事求是地进行比较，既有自知之明，又有知人之智，这样越比心胸越开阔，越比越会及时发现自己的不足，明确前进的方向，激励自己奋发进取。

有位学者讲过这样一句名言：“弱者的思路是嫉妒，强者的出路是竞争。”当我们在与别人相比时，为什么不改变一下自己的思维方式呢？变消极的心态为积极的心态，变嫉妒为竞争，必然会迸发出一种巨大的动力，在人生的舞台上就会演出更加精彩的一幕。

淡定的心灵智慧

攀比会让自己活得很累，让自己的心理失去平衡。与他人比是懦夫的行为，与自己比才是真正的英雄。所以，把眼光放在自己的身心上，生活一定会多一分快乐与满足。

沉淀哗众取宠的虚荣心

18世纪的著名诗人威廉·科贝特在他的《乡间行》中，曾经挖苦地描述新一代资产阶级追求时髦的心态：“摆上几把招眼的坐椅和一个沙发，挂起六七幅镶有金框的版画，装满小说的旋转书柜……许许多多的酒瓶酒杯和‘一套正餐餐具’‘一套早餐餐具’以及‘甜食刀具’……最糟的是客厅！还有地毯和拉铃！”这种消费攀比的热烈景象和氛围，生活在今天的我们恐怕是再熟悉不过了。

虚荣心总是与攀比、嫉妒、追求等相伴而生的。但虚荣心是一种递增的发展事物，好像一只被吹起来的气球一样，总是希望越吹越大。人的虚荣心可以说是无限的，俗话说做了皇帝还想成仙。满足了一个愿望，随之又产生了两三个愿望。满足了这个琐细的愿望，很快又新生了那些庞大的愿望。由此可见，虚荣心具有一种强烈的渴求的力量。求而得之，则满足快乐；求而不得，便苦恼愁闷，便寻求新的获得途径。

再者，虚荣心还有一个显著的特征，就是跟时尚有关。时尚推动虚荣心的旺盛和强大，旺盛的虚荣心反过来又推动时尚的繁荣和更大面积上的流行。比如大街小巷美女如云，便是女人的虚荣心造就的锦绣景观。女人比男人对青春的敏感度要强烈得多，所以追求年轻和漂亮便成为女人们互相攀比的虚荣心了。年龄不是随便能伸能缩的东西，所以年轻是肯定求之不得的。于是女人便把心思都集中在追求美丽上，大概是美丽了也就年轻了。于是扮靓便成了女人最直观的表现。女人们纷纷去美容厅、去健身房、去游泳池，为的都是关心自己、呵护自己和美丽自己。由于虚荣心使女人对自己的美丽更富于细致和耐心，当然也无形中使城市的街道日益缤纷灿烂。你说这虚荣心有什么不好？她们不仅用自己的身体成为满街流动的风景让人赏心悦目，而且积极有效地推动了服装业、化妆业、美容业等行业的快速发展；再比如家庭装潢的时尚化，也是虚荣心带来的结果。

生与欲密不可分。虚荣心的满足，究其实质应该是有利于生命，有利于生存，有利于进步。但是，对于虚荣心的满足，要适可而止。

虚荣心强的人喜欢在别人面前炫耀自己昔日的荣耀经历或今日的辉煌业绩，他们或夸夸其谈，肆意吹嘘，或哗众取宠，故弄玄虚，自己办不到的事偏说能办到，自己不懂的事偏要装懂，一切为了提高自己。虚荣心强的人喜欢炫耀有名望、有地位的亲朋好友，希图借助他人的荣光来弥补自己的不足，而对于那些无名无分、地位“卑微”的亲朋则避而不谈，甚至唯恐避之而不及。

人很容易掉到自己给自己设置的陷阱里面去，通常这个陷阱都是由虚荣建造而成的。只要随便给我们一点虚荣，我们就可以像只无头苍蝇一样飞来飞去，明明自己的举动没有任何实质的意义，解决不了任何实际的问题，也许只是想显示给别人：我是个重要人物。

古语云："上士忘名，中士立名，下士窃名。"虚荣，也是一种"窃"。虚荣者，容易轻浮；轻浮者，容易受骗；受骗者，容易受伤；受伤者，容易沉沦。许多沉沦，始于虚荣。虚荣，很像是一个绮丽的梦。当你在梦中的时候，仿佛拥有了许多，当梦醒来的时候，你会发现原来什么也没有。既然如此，与其去拥抱一个空空的梦，还不如去把握一点实实在在的东西。

如果你想获得个人的幸福，你必须将这种征得他人同意的虚荣心从你的生命中根除掉。这种虚荣心是心理上的死胡同，绝不可能使你从中得到任何好处。

淡定的心灵智慧

人应该追求内心的真实的美，不图虚名；一个人追求真善美就不会通过不正当的手段来炫耀自己，就不会徒有虚名，就会活得轻松坦然，真实自在。

众声喧哗我独静

宁静是一种难得的感觉，只有在拥有宁静时，我们才能静下心来悉心梳理自己烦乱的思绪；只有在拥有宁静时，我们才能让自己成熟。

有这样一个故事：

老街上有一个铁匠铺，铺里住着一位老铁匠。由于没人再需要打铁制的器具，现在他改卖铁锅、斧头和拴小狗的链子。他的经营方式非常古老和传统。人坐在门内，货物摆在门外，不吆喝，不还价，晚上也不收摊。无论什么时候从这儿经过，人们都会看到他在竹椅上躺着，手里一个半导体，身旁是一把紫砂壶。

老铁匠的生意也没有好坏之说。每天的收入正够他喝茶和吃饭。他老了，已不再需要多余的东西，因此他非常满足。

一天，一个文物商人从老街经过，偶然看到老铁匠身旁的那把紫砂壶。因为那壶古朴雅致、紫黑如墨，有清代制壶名家戴振公的风格。于是他走了过去拿起那把壶，壶嘴内有一记印章。果然是戴振公的！商人惊喜不已。

商人端起那把壶，想以10万元的价格买下来。当他说出这个数字时，老铁匠先是一惊，然后马上拒绝了。因为这把壶是他爷爷留下来的，他们祖孙三代打铁时都喝这把壶里的水，他们的汗也都来自这把壶。

商人走后，老铁匠有生以来第一次失眠了。这把壶他用了60年，并且一直以为是把普普通通的壶。现在竟然有人要以10万元的价格买下它，他转不过神来。

过去，他躺在椅子上喝茶，都是闭着眼睛把壶放在小桌上。现在他总要坐起来再看一眼。这让他非常不舒服。特别让他不能容忍的是，当人们知道他有一把价值不菲的茶壶后，总是拥破宅门，有的问还有没有其他的宝贝，有的甚至开始向他借钱。更有甚者，晚上推他的门。

他的生活被彻底打乱了。第二天，老铁匠再也坐不住了。他招来左右店铺的人和前后邻居，拿起一把斧头，当众把那把紫砂壶砸了个粉碎。

此后，老铁匠还一直在卖铁锅、斧头和拴小狗的链子，直到一百多岁离世。

老铁匠愤怒地砸烂了茶壶，他只想得到一片属于自己的宁静。

浮躁喧嚣的世界，我们应当像老铁匠那样保持一颗淡定宁静的心，静静地用自己的理解去解读人世间风起云涌的变化，思考人生历程中的痛苦和欢悦。

淡定的心灵智慧

当我们真正领略了人生的丰富与美好，生命的宏伟和广阔，让身心平直地立在生活的急流中，不因贪图而倾斜，不因喜乐而忘形，不因危难而逃避，我们就读懂了宁静，理解了宁静。

平静中品味生活的福气

钱钟书先生把婚姻比围城，城里的人往外挤，城外的人往里挤。其实人生又何尝不是如此呢？身居繁华都市的人，往往追求寂寞平静的田园生活；而身在林深竹海的乡人，却又很是向往灯红酒绿的都市生活。

其实，平静是福，真正生活在喧嚣吵闹的都市中的人们，可能更懂得平静的弥足珍贵。与平静的生活相比，追逐名利的生活是多么不值得一提。平静的生活是在真理的海洋中，在争流波涛之下，不受风暴的侵扰，保持永恒的安宁。

心灵的平静是智慧美丽的珍宝，它来自长期、耐心的自我控制。心灵的安宁意味着一种成熟的经历以及对于事物规律的不同寻常的了解。

环境影响心态，快节奏的生活，无节制的对环境的污染和破坏，以及令人难以承受的噪声等都让人难以平静，环境的搅拌机随时都在把人们心中的平静撕个粉碎，让人遭受浮躁、烦恼之苦。然而，生命的本身是宁静的，只有内心不为外物所惑，不为环境所扰，才能做到像陶渊明那样身在闹市而无车马之喧，而有了所谓的“心远地自偏”。

一个人如果能丢开杂念，就能在喧闹的环境中体会到内心的平静。

有一个小和尚，每次坐禅时都幻觉有一只大蜘蛛在他眼前织网，无论怎么赶都不走，他只好求助于师父。师父就让他坐禅时拿一支笔，等蜘蛛来了就在它身上画个记号，看它来自何方。小和尚照师父交代的去做，当蜘蛛来时他就在它身上画了个圆圈，蜘蛛走后，他便安然入定了。

当小和尚做完功一看，却发现那个圆圈在自己的肚子上。原来困扰小和尚的不是蜘蛛，而是他自己，蜘蛛就在他心里，因为他心不静，所以才感到难以入定，正像佛家所说："心地不空，不空所以不灵"。

平静是一种心态，是生命盛开的鲜花，是灵魂成熟的果实。平静在心，在于修身养性，平静无处不在，只要有一颗平静之心。追求平静者，便能心胸开阔，不为诱惑，坦荡自然。

淡定的心灵智慧

平静是一种幸福，它和智慧一样宝贵，其价值胜于黄金。真正的平静是心理的平衡，是心灵的安静，是稳定的情绪。

穿越繁华，抵达宁静

西方有位哲人在总结自己一生时说过这样的话："在我整整75年的生命中，我没有过过四个星期真正的安宁。这一生只是一块必须时常推上去又不断滚下来的岩石。"追求宁静，对许多人来说成了一个梦想。由此看来，宁静并不是每个人都能享受的。

可是，现实生活中，也不乏许多人害怕宁静，时时借热闹来躲避宁静，麻痹自己。红尘滚滚中，已经很少有人能够固守一方，独享一分宁静了，更多的人脚步匆匆，奔向人声鼎沸的地方。殊不知，热闹之后却更加寂寞。我辈之人，如能在热闹中独饮那杯寂寞的清茶，也不失为人生的另类选择。但是，宁静并不是每个人都会享受的！

只有对未来进行抗争的人，才有面对宁静的勇气；在昔日拥有辉煌的人，才有不甘宁静的感受；为了收获而不惜辛勤耕耘流血流汗的人，才有资格和能力享受宁静。

懂得了宁静，便能从容地面对阳光，将自己化作一盏清茗，在轻啜深酌中渐渐明白，不是所有的生长都能成熟，不是所有的欢歌都是幸福，不是所有的故事都会真实。有时，平淡是穿越灿烂而抵达美丽的一种高度，一种境界。当宁静来临时，轻轻合上门窗，隔去外面喧嚣的世界，默默独坐在灯下，平静地等待身体与心灵的一致，让自己从悲观交集中净化思想。这样，被一度驱远的宁静会重新回归。

宁静是一种心境，氤氲出一种清幽与秀逸，冉冉上升的思绪逃离了城市的喧嚣，营造出一种形胜独标的自得和孤高，去获得心灵的愉悦，获得理性的沉思，与潜藏灵魂深层的思想交流，找到某种攀升的信念，去换取内心的宁静和博大致远的菩提梵境。

宁静如水，让它涤荡掉我们身上的浮躁、空泛和沮丧，才能叩问自己的灵魂，看清花朵以最美的形式在生活中绽放，听到远方的鸟儿在天籁中清脆鸣叫……

淡定的心灵智慧

宁静是一种难得的感觉，只有在拥有宁静时，你才能静下心来悉心梳理自己烦乱的思绪，只有在拥有宁静时，你才能让自己成熟。

淡定的人生不寂寞

生活在现代社会的人们，越来越不甘心寂寞的生活了，每天都把自己的生活安排得满满的，生怕自己一旦有空闲就会六神无主。然而，有多少人知道，寂寞有时也是人生路上一道亮丽的风景。

贝多芬因为寂寞而成就了自己，命运加在贝多芬身上的不幸是将他的灵魂锁闭在磐石一样密不通风的“耳聋”之中。这犹如一座不见天日的囚室，牢牢地困住了他。不过，“聋”虽然带来了无可比拟的不幸和烦忧，却也带来了与人世的喧嚣相隔绝的安静。他诚然孤独，可是有“永恒”为伴。

贝多芬留客人在他屋子里吃简便晚餐的时候，说起了他往昔的许多故事，包括他在童年时跟海顿和巴赫学习时的生活，包括他为了糊口指挥乡村乐队的生活……

不知道有没有人看过罗曼·罗兰的《约翰·克利斯朵夫》，在那本大书里流着一条大河，那条大河就是从贝多芬身上流出来，并且加以引申开的。

贝多芬向他的客人叙述最后一次指挥音乐会的情形。那次节目是《费黛里奥》。当他站在台上按着节拍指挥时，听众的脸上都有一种奇怪的表情，可是谁也不忍告诉他。演奏告终，全场掌声雷动。贝多芬什么也听不见，很久很久背身站在指挥台上，直到一个女孩拉着他的手向观众答谢时，他才缓缓地转过身来。原来他完全聋了！他永远不能担任指挥了！

贝多芬对客人大声地说："听我心里的音乐！你不知道我心里的感觉！一个乐队只能奏出我在一分钟里希望写出的音乐！"

相对于贝多芬来说，许多人抱怨生活的压力太大，感到烦躁，埋怨不得清闲。于是，追求清静成了许多人的梦想，但同时又害怕寂寞。其实寂寞并不可怕，只要能暂时放下心中的惦念，真心体味，寂寞也是一种清静，而且这种清静更有价值。

淡定的心灵智慧

人生在世，谁都难免被寂寞所困。当一个人怀着淡定从容的心态去面对寂寞，把寂寞当作人生预约的美丽，也就没有了真正意义上的寂寞了。

甘于寂寞，乐于淡泊

在这喧嚣的尘世之中，我们要保持心灵的清静，做到甘于寂寞，乐于淡泊。

寂寞是一种享受。

寂寞就像个沉默少言的朋友，在清静淡雅的房间里陪我们静坐，虽然不会给我们谆谆教导，但却会引领我们反思生活的本质及生命的真谛。寂寞时我们可以回味一下过去的事情，以明得失；可以计划一下未来，未雨绸缪；可以静下心来读点书，让书籍来滋养一下干枯的心田；可以和妻子一起去散散步，弥补一下失落的情感；还可以和朋友聊聊天，古也谈，今也论。

寂寞，是一种难得的感受。

当我们想要躲避它时，表示我们已经深深感受到了它的存在。此时，不妨轻轻地关上门窗，隔去外界的喧闹，一个人独处，细心品味寂寞的滋味。坐在桌前，焚一炉檀香，冲一杯咖啡，翻一本酷爱的图书，感受久违的纸墨清香。当然，如果我们愿意，尽可以啥也不干，只是坐在那里沉思，思考人生，思考大脑中存储的一切。如果我们愿意，我们可以什么也不想，只是一个人静静地待上一会儿，让大脑暂时处于休眠状态。

寂寞，是一种清福。

正像梁实秋先生所描绘的那样：寂寞是一种清福。我在小小的书斋里，焚起一炉香，袅袅的一缕烟线笔直地上升，一直戳到顶棚，好像屋里的气是绝对的静止，我的呼吸都没有搅动出一点波澜似的。我独自暗暗地望着那条烟线发怔。屋外庭院中的紫丁香还带着不少嫣红焦黄的叶子，枯叶乱枝的声响可以很清晰地听到，先是一小声清脆的折断声，然后是撞击枝干的磕碰声，最后是落到空阶上的拍打声。这时节我感到了寂寞。在这寂寞中我意识到了我自己的存在——片刻的孤立的存在。

寂寞，是知心好友。

在我们心烦时，它不会打扰我们，也不会对我们有所求。热闹需要外求，而寂寞是随时与我们同在，在我们需要时，它便轻轻地来到我们身边，静静地听我们倾诉心声。它能为我们保守秘密，虽然它无言无语，却能让我们更好地认清自己。它不会对我们指手画脚，却能让我们以更加自信的步伐迈出人生的下一步。

寂寞，是一首诗，一道风景，一曲美妙的音乐。所以有位哲人认为：其实寂寞并不是一件坏事，相反，所有人类的不幸，都是起始于无法一个人安静地坐在房间里。

淡定的心灵智慧

耐住寂寞，方能抵得住繁华。乐于淡泊，才能品味出幸福。

耐住寂寞，享受独处的宁静

人在受到较大刺激后，如果能独自一人认真反思，就会蓦然发现真正的自我，就能重新评价、认识、接纳自己，平衡自己的心理，建立一个属于自己的心灵空间，然后再面对新的生活。

有一位刚刚退休的妇女，一场意外事故夺去了她丈夫的生命。这突然的打击对她来说太沉重了。她和丈夫的感情很好，丈夫就是她的一切，在他们打算一起度过晚年时光的时候，他却离她而去。以前，因为生活的繁忙，他们没有时间和机会去更好地享受生活，本想在退休后手挽手一起描绘人生的最后华章。天不遂人愿，她无法面对这样残酷的现实，她选择了去天堂陪伴丈夫，生生死死都要在一起，幸亏家人发现得早，她才又获得了一次生的机会。

当她清醒过来，看着多日未修整的长发、面容憔悴的独生子，哭红了双眼且双手还在不停地揉着她那条因输液而酸麻的胳膊的儿媳妇，听到儿子祈求般地说："我们刚失去爸爸，不能再失去妈妈呀！"她的心被强烈地震动了，泪顺着眼角的皱纹流淌下来。

她感激这几天来看她、劝她、安慰她的亲朋好友，但是总希望早点结束探视时间，好让她独处一段，去追忆往事，考虑今后的生活……她知道有些事情是谁也帮不了的，只能是自己帮自己，调整好自己的情绪，自己给自己拿主意。经过一段时间的独处，她好像这时才真正认识了自己，才感觉到自己的价值，清楚自己的位置。当小两口一个多星期后同她告别时，已能从她的眼睛中看到那自信、刚毅的目光。

独处是一种状态。人只有在安静平和的环境中，才能发现人生的真正境界。独处能够使人们脱掉心灵的面具，是人生航程中的小小避风港。当你感到痛苦，茫然不知所措的时候，就在这里缓一缓，稍稍喘一口气，平复一下自己的心情，再以新的姿态重新投入。它会使你更加自信，更加充实。

淡定的心灵智慧

独处是一种美，只要你有意识地面对自己，自己和自己对话，自己寻找自己，就会觉得坦然和充实。我们需要经得起挫折，耐得住寂寞。

第4章

一念心放下，刹那莲花开

生活中，我们觉得活得很累，烦恼不断，是缘于我们心中有太多的放不下，过于执迷名利荣耀。人生需要执着的精神，但是执着不等于执迷，一味地追逐所谓的欲望，就会陷入执迷的梦魇，被烦恼所缠绕。智慧的人生是淡然的，超脱的，拿得起，放得下，看开不看透。

放下，烦恼烟消云散。放下，心灵刹那花开。

飞蛾扑火可敬不可学

有一天，兔八哥来到杂货店，问老板："有胡萝卜吗？"

老板回答："没有。"

第二天，兔八哥又来到杂货店，问老板："有胡萝卜吗？"

老板耐着性子回答："没有。"

第三天，兔八哥又来到杂货店，问老板："有胡萝卜吗？"

老板终于火了，向他吼道："没有！你再问我就用钳子把你的龅牙全部拔掉！"

第四天，兔八哥又来到杂货店，问老板："有钳子吗？"

老板自然地回答道："没有。"

兔八哥又问老板："有胡萝卜吗？"

老板随即火冒三丈。

第五天，兔八哥又来到杂货店，问老板："有胡萝卜吗？"

老板二话不说，从身后摸出了一把大钳子，按住兔八哥，把他的牙全部拔了，然后狠狠地说"看你没有兔牙，还怎么啃萝卜？"

兔八哥随即问了："有胡萝卜汁吗？"

生活中，我们不能做兔八哥，谁也不想因为执着而做那只扑火的飞蛾。人生中的许多事情不可太执着太沉迷太投入，尤其是对于自己所钟爱的事业、工作或者其他，一旦过度沉迷就会拿得起放不下，饮食不思，夜不成寐。久而久之，身心疲惫，积劳成疾，后果便不堪设想。

虽然我们有时在自觉或不自觉地追求一种精神或意念中的愿望，总是希望做到最多最好，其实那是一种奢望，是自己为自己画的一个大大的"烧饼"，是可望不可即的事，所以应该放手时就放手便显得尤为重要。

执着地追求自己渴望的事，自始至终保持着追求圆满的心态能够促使我们在人生路上不断地施展自己的才华，不断地释放自己的能量。但是过度地执着或过度地沉迷于追求某些事，以生命的代价来换取所谓的追求圆满，其实是对自己生命的不尊重，那也就是对上天赋予你的才华的不尊重。不知是谁说过这样的话，动物们都知道，在你最想得到的东西的周围总是布满了陷阱，你一不留神就会遭遇到被捕获的厄运。

淡定的心灵智慧

人生中许多事情不可太执着，该放手时就放手。

放下，心灵刹那花开

两个和尚一道到山下化斋，途经一条小河，两个和尚正要过河，忽然看见一个妇人站在河边发愣，原来妇人不知河的深浅，不敢轻易过河。一个年纪比较大的和尚立刻上前去，把那个妇人背过了河。

两个和尚继续赶路，可是在路上，那个年纪较大的和尚一直被另一个和尚抱怨，说作为一个出家人，怎么背个妇人过河，甚至又说了一些不好听的言语。年纪较大和尚一直沉默着，最后他对另一个和尚说："你之所以到现在还喋喋不休，是因为你一直都没有在心中放下这件事，而我在放下妇人之后，同时也把这件事放下了，所以才不会像你一样烦恼。"

生活原本是有许多快乐的，只是我辈常常自生烦恼，"空添许多愁。"

许多事业有成的人常常有这样的感慨：事业小有成就，但心里却空空的。好像拥有很多，又好像什么都没有。总是想成功后坐豪华邮轮去环游世界，尽情享受一番。但真正成功了，仍然没有时间没有心情去了却心愿。因为还有许多事情让人放不下……

对此，台湾作家吴淡如说得好：好像要到某种年纪，在拥有某些东西之后，你才能够悟到，你建构的人生像一栋华美的大厦，但只有硬件，里面水管失修，配备不足，墙壁剥落，又很难找出原因来整修，除非你把整栋房子拆掉。你又舍不得拆掉。那是一生的心血，拆掉了，所有的人会不知道你是谁，你也很可能会不知道自己是谁。

仔细咀嚼这段话，其中的味道，我辈不就是因为“舍不得”吗？

很多时候，我们舍不得放弃一个放弃了之后并不会失去什么的工作，舍不得放弃已经走出很远很远的种种往事，舍不得放弃对权力与金钱的角逐……于是，我们只能用生命作为代价，透支着健康与年华。

不是吗？现代人都精于算计投资回报率，但谁能算得出，在得到一些自己认为珍贵的东西时，有多少和生命休戚相关的美丽像沙子一样在指掌间溜走？而我们却很少去思忖：掌中所握的生命的沙子的数量是有限的，一旦失去，便再也捞不回来。

“要眠即眠，要坐即坐”，是多么自在的快乐之道啊，倘使你总是“吃饭时不肯吃饭，百种需索，睡眠时不肯睡，千般计较”，这样放不下，你又怎能快乐呢？

庄子云：“人生如白驹过隙。”哲人的结论难道不能使人有些启迪么？我辈何不提得起，放得下，想得开，做个快乐的自由人呢？

只要人活着，生活还是生活，每一天都是我们要闯过去的河，如果你怨恨失败，你就会在怨恨中后悔一生。生活中，你自己除了会被自己打败，别人永远击不垮你。人生下来就有一副铮铮铁骨，只是有的人被人生中的困难磨平压垮，有的人则练就得更加坚韧挺拔。

如果我们能调整好心态，能把自己的人生视如一个奋斗不息、勇往直前的过程，我们就会对生活充满希望。这就要做到：拿得起，放得下。

在通常情况下，“放得下”主要体现于以下几方面：

1．感情能否放得下

人世间最说不清道不明的就是一个“情”字。凡是陷入感情纠葛的人，往往会理智失控，剪不断，理还乱。若能在情方面放得下，可称是理智的“放”。

2．名声能否放得下

据专家分析，高智商、思维型的人，患心理障碍的比率相对较高。其主要原因在于他们一般都喜欢争强好胜，对名看得较重，有的甚至爱“名”如命，累得死去活来。倘若能对“名”放得下，就称得上是超脱的“放”。

3．钱财能否放得下

李白在《将进酒》诗中写道：“天生我材必有用，千金散尽还复来。”如能在这方面放得下，那可称是非常潇洒的“放”。

4．忧愁能否放得下

现实生活中令人忧愁的事实在太多了，就像宋朝女词人李清照所说的：“才下眉头，却上心头。”忧愁可说是妨害健康的“常见病、多发病”。狄更斯说：“苦苦地去做根本就办不到的事情，会带来混乱和苦恼。”泰戈尔说：“世界的事情最好是一笑了之，不必用眼泪去冲洗。”如果能对忧愁放得下，那就可称是幸福的“放”，因为没有忧愁确是一种幸福。

淡定的心灵智慧

放下是一种觉悟，更是一种心灵的自由。只要你不把闲事常挂在心头，你的世界将会是一片光风霁月、鲜花绽放，快乐自然愿意接近你！

心若放下，清风自来

一痴师太向三个徒弟宣布，要在她们当中挑选掌斋师。

掌斋师是看秧庵掌管膳食财务的神职，庵内几百号尼姑居士的饮食起居以及一应开销全由她负责。一旦师太圆寂了，掌斋师就自然接替师太，就任看秧庵的当家师。看秧庵的前任掌斋师是一痴师太的师姐，法号一傻，三年前就圆寂了，掌斋师由一痴师太自己兼任，因此掌斋师一职实际上空缺了三年。现在，一痴师太要挑选新任掌斋师，也就意味着她要挑选当家师的接任人了。这让徒弟慧明心里暗暗地感到高兴。凭着师太平时对她的喜爱，掌斋师非她莫属，这在看秧庵里的尼姑居士们看来，简直就是铁板上钉钉的事情了。就连慧明自己也认为师父一定会选中自己担任掌斋师。

在这座看秧庵里，慧明待了 15 年，也就跟了一痴师太 15 年，天天打坐念经，潜心修行，简直就是一痴师太的影子。她对佛家经文不仅熟背如流，而且领悟得既快又准，师太对她的这份悟性是极为赞赏的。为此，慧明也在心底里感到一丝甜甜的自豪。

相比之下，20 年前就进了看秧庵的大徒弟慧清，尽管练功打坐、念经修行比慧明刻苦，也能领会一痴师太的点拨，但比起慧明灵光般的快速反应来，还是要逊色一些。为此，一痴师太没少责罚慧清。

再看小徒弟慧悟，简直就是一个木瓜。她身世凄惨，一出生就被父母遗弃在路旁，幸遇一痴师太路过收留下来，这才在看秧庵长大。她平时也不太说话，一副木讷的样子。

一次，师太问她们三个师姐妹：“本庵为何称看秧？”慧清想了半天才回答：“世上草木，皆自秧苗始，不加看护，岂能茁壮？”慧悟则在师太的一再追问下才回答：“在我佛眼里，我永远是秧。”只有慧明回答得最快：“世上万物，莫不经风霜历寒暑，否则难以成器。佛家子弟不经磨难，怎能修得真身？”师太听了慧明的话，就微微点了点头；听了慧清的话，没作任何反应；听了慧悟的话，居然把眼睛闭上念起经来。

一痴师太与众尼姑居士们约定，三天后在庵里当众挑选新任掌斋师。尼姑居士们都认为师太是在走过场。慧明自己也认为师父没有必要多此一举，直接指名不就得了？但师父既然要她们三个师姐妹站出来挑选，那就还是得做些准备，否则被师姐师妹抢去了掌斋师，自己岂不是很没面子？三天后，一痴师太把全庵的尼姑居士召到了庵堂里，观音大士的塑像坐在莲花蒲团上很慈祥地望着大家，师太用与观音同样的姿势坐在观音大士塑像前的蒲团上。她闭着眼睛，默念了一阵，又突然睁开眼睛说：“开始吧！”

慧清上前，捧着一碗清水献给一痴师太：“掌斋如掌水。”师太接了，放在座旁。

慧明上前，献上一碗饭：“斋饭斋饭，斋即饭，饭即斋。”

师太也接了，放在座旁。

轮到慧悟，却见她空着手上前，朝师太打个躬就退下。

师太问："慧悟，怎么不说话？"

慧悟缓缓地转身，轻声说："斋在心，饭在心，水也在心。掌斋即掌心。"

一痴黯然无语，旋即起身："慧悟，从今天起，由你担任掌斋师。"

整个斋堂一时都呆了。

慧明吃惊不已："师父，我……"

一痴目光深邃地看着慧明，语意深长："心清如水即是佛，了无牵挂佛无边……"

心里不清净，这就是障碍，这就是烦恼。学佛的人追求心地清净。我们要想学佛，学佛就是学觉；我们要想成佛，就是成就大智大觉。从哪里做起？即从心地清净做起。

淡定的心灵智慧

要想心清净，必须要将名闻利养、五欲六尘统统放下，修平等心，修清净心。

放下即是得到，放下得自在

有个人说了这样一个有趣的事：他曾经和女友做了一个小测验，说如果同时丢了三样东西：钱包、钥匙、电话本，最紧要的是哪一样？女友毫不犹豫地选择了电话本，而他毫不犹豫地选择了钥匙。答案说，女友是一个怀旧的人，他是一个现实的人。

后来他们分手了，女友的确总是纠缠在过去中，一段大学时代未果的爱情至今还让她念念不忘，而爱情中的他早已为人夫，为人父。女友的心停在了过去，一直后悔当初没有坚持到底，因此，又错过了很多不错的人。他问她："还可以挽回吗？"她摇摇头，他说："那为什么不放下？"她无奈地说："放下不了。"

他说："其实是你不想放下。"

中国有句古语说："苦海无边，回头是岸。"偏偏有人就执迷不悟，正应了那句老话：世上本无事，庸人自扰之。

有一个女孩四年前在女友的宿舍玩，一念之差想偷屋里的一副耳环，后来被耳环的主人识破，女孩羞愧难当，自此离开家乡，再也没回去过。

人生有些错误是无法挽回的，有时，需要你付出代价，这个代价就是放下。外在的放下让你接受教训，心里的放下让你得到解脱。生活中的垃圾既然可以不皱一下眉头就轻易丢掉，情感上的垃圾也无须抱残守缺。

不要总想着挽回，有时人生需要放下。

放下是一门艺术。在物欲横流的今天，既需要你做出选择，而更多的则是放下。与其说是抉择得当，不如说是放下得好。那些什么都不放下的人，是不可能有多少获得的。其结果必然是对自身生命的最大的放下，让自己的一生永远处在碌碌无为之中。

放下需要明智，该得时你便得之，该失时你要大胆地让它失去。有时你以为得到了某些东西时，可能失去了很多；有时你以为失去了不少，却有可能获得许多。不以得喜，不以失悲。尽自己最大的努力去做，管它花开花落，云卷云舒。

淡定的心灵智慧

人生苦短，要想获得越多，就得放下越多。放下即是得到，放下得自在。

舍得是淡定的大智慧

二战的硝烟刚刚散尽时，以美英法为首的战胜国们几经磋商后决定在美国纽约成立一个协调处理世界事务的联合国。一切准备就绪之后，大家蓦然发现，这个全球至高无上、最权威的世界性组织，竟找不到自己的立足之地。

买一块地皮吧，刚刚成立的联合国机构还身无分文。让世界各国筹资吧，牌子刚刚挂起，就要向世界各国搞经济摊派，负面影响太大。况且刚刚经历了第二次世界大战的浩劫，各国政府都财库空虚，甚至许多国家都是财政赤字居高不下，在寸金寸土的纽约筹资买下一块地皮，并不是一件容易的事情。联合国对此一筹莫展。

听到这一消息后，美国著名的家族财团洛克菲勒家族经商议，便马上果断出资 870 万美元，在纽约买下一块地皮，将这块地皮无条件地赠予了这个刚刚挂牌的国际性组织——联合国。

同时，洛克菲勒家族亦将毗连这块地皮的大面积地皮全部买下。

对洛克菲勒家族的这一出人意料之举，当时许多美国大财团都吃惊不已，870 万美元，对于战后经济萎靡的美国和全世界，都是一笔不小的数目呀，而洛克菲勒家族却将它拱手赠出了，并且什么条件也没有。

这条消息传出后，美国许多财团主和地产商都纷纷嘲笑说：“这简直是蠢人之举。”并纷纷断言：“这样经营不要十年，著名的洛克菲勒家族财团，便会沦落为著名的洛克菲勒家族贫民集团”。

但出人意料的是，联合国大楼刚刚建成完工，毗邻它四周的地价便立刻飙升起来，相当于捐赠款数十倍、近百倍的巨额财富源源不尽地涌进了洛克菲勒家族财团。这种结局，令那些曾经讥讽和嘲笑过洛克菲勒家族之举的财团和商人们目瞪口呆。

其实有许多时候，舍得也是一种经营之道。就像生活，就像感情，过去的，我们总是无限回忆无限追思，却不知，前面的风景更加美好，向前看，才会有所发展有所进步。很喜欢徐志摩的那首诗里的一句话：“得之，我幸，不得，我命。”如此而已。

淡定的心灵智慧

舍得舍得，有舍才有得，有舍有得，只有舍去，才能得到。

先有所舍，后有所得

舍弃是一种智慧，是一种豪气，是更深层面的抉择。有这样一位哲学家说过：舍得，舍得，有舍才有得。在失去甲的时候，你肯定也会得到乙，然而你经常自己觉察不到。

有一位靠捕鱼为生的老翁，一天清早，他还和往常一样来到溪边，见到溪上游的碎石很惊奇，因为昨天的雷雨而冲到下游来了，小溪里面全部都是碎石，他因不能够捕鱼，而号啕大哭起来。小溪旁山坡上有一座小庙，庙里的师父听到了他大哭的声音，便下山来点化："老人家！你为什么哭啊？""小溪里面全部都是碎石，我没有办法捕鱼了""不可以下网捕，可以用手去抓啊！你没看鱼儿全在碎石上、石缝间跳跃吗？"老翁揉揉眼睛看去，果然鱼儿全在碎石上、石缝间跳跃，唾手可得，怎么刚才没发现呢？

用"有舍必有得"的正面意义和积极心态来看待某件事情，不是让你陷落虚拟情境，而是让你看清现实。比如，一对夫妻离婚了，在失去婚姻的同时，会得到追求良缘的机会；亲密的爱人移情别恋，在失去恋情的同时，也庆幸婚前就发现对象不可靠；失意于钱赚得少，却得意于不用为了储蓄投资而烦心。

世人总是对功名利禄孜孜以求，却在庸庸碌碌中失去了最宝贵的东西。谁知蓦然回首，那人却在灯火阑珊处。仔细想来，人生有许多痛苦，实则就是难以割舍的痛苦。在难以舍弃而又不得不舍弃的地方，在执着却又难以实现功利目的的地方，都隐含着人生的许多痛楚和悔恨，有很多人都是在这种难舍的自我挣扎之下，产生了无尽的烦恼、浮躁、恐惧等恶劣的有害于生命的迷茫。一种放下，必定将意味着另外一种拥有，舍得，舍得——有舍才有得。

在夜市里面，大多都有捞金鱼的小游戏，小朋友们只要到那儿就忘记回去了。捞金鱼的铁丝网贴了薄薄的一层纸。这种纸浸水以后很容易就破了，经常捞了一两次，就不能再用了。

有一位在夜市里面摆摊很多年的老板，偷偷地透露了捞金鱼的方法："先把捞金鱼的网子，用牙签打出一个小洞，下水的时候就不会很容易破了。小朋友总是舍不得先动手把那层纸给弄破一点，渔网反而破得更快。

生活中到处都有能舍而后得的奇迹。先有所舍才能有所得，舍出如同种子散播出去，转了一个来回，又带了一大群子子孙孙回来。"舍"永远都是在"得"的前面的，这是必然而且非常重要的顺序，更是幸福的秘诀，可是有很多的人却忽视了这个最奇妙的步骤。

小时候在农村压水，假如不先灌一点水下去，井水是压不出来的，只要一小桶水的水就能够引来整座井的泉源。

放下了才能够得到，能舍才能领受，因为付出本身就是一种乐趣。我们不是以功利的心态，为了得而舍，而是以一种积极的心态，愿意学习舍的课程，毕竟在此途之中，心灵的喜悦就是最大的祝福。

淡定的心灵智慧

先有所舍，再有所得，放弃现在利益，将来会得到更多。舍去眼前的利益，是最明智的选择。

滚滚红尘，看开而不看破

现实生活中有许多人往往因一些人生道路上的重大挫折，如升学失败、就业无着、恋爱危机而不敢面对和承受，要么出家，伴着暮鼓晨钟、青灯佛影来度此一生；要么自杀，走上轻生之路。他们自以为看开了一切，人生不值得眷恋，还是一了百了为好。其实这不是看开，而是看破了，事实上还是没有看开。

自杀者往往执着于一个意念——想不开、看不开，视人间一切都成为灰色，无一人值得留恋，也无一人留恋自己。他们以为，人活着与死掉其实并无差别，又何必承受痛苦呢？许多自杀者以为自己是严肃的，但是真正严肃地面对生命的人又怎能走上结束生命的道路？这还是没想开、没看开。

想不开、看不开的意念，就像眼前有一片小小的树叶，遮住了所有的阳光。这样的黑暗是自己造成的。人应该知道的是：为何而生，为何而死；人应该决定的是：如何生存下去。如果到了必须决定如何而死时，则不能不作重于泰山与轻于鸿毛的考虑。所以不要萌发出家或轻生的念头，因为这意味着投降，是彻底的失败，完全没有翻本的机会。移开眼睛前面的屏障，看阳光普照大地。给自己一点时间，因为时间是最好的药剂，能够治愈任何创伤。

轻生是看破红尘的表现，贪生怕死同样是看不开的表现。有许多人太眷恋人生，认为自己功未成名未就，人世间的荣华富贵没有享尽，一死了之，太可惜了。这样的人仍然是没有看开。

真正看开的人，生死祸福等闲视之。有道是万物皆有生有死，这是生命的自然规律。一个人的生是遵循着自然界运动法则而产生的，而一个人的死亡也是生命历程的自然终端，它是世界万物转化的结果。生好像是浮游在天地之间一样，死则恰似休息于宇宙怀抱之中，这一切实际上是不应该有什么大惊小怪的，生也罢，死也罢，都是非常正常的。生又何欢，死又何惧，生死并没有什么可怕的。

庄子生命垂危时，他的弟子们商量如何为他进行厚葬。庄子知道了以后，幽默地对他的弟子们说："我死了以后，就把蓝天当作自己的棺椁，把光辉的太阳和皎洁的月亮当作自己的殉葬品，把天上的星星当作珍贵的珍珠。把天下万物当作自己的殉葬品，这些还不够吗？何必还要搞什么厚葬呢？"他的弟子们哭笑不得，解释说："老师呀，即使是那样的话，我们还是担心乌鸦把您给吃了呀！"庄子说："扔在野地里你们怕乌鸦老鹰吃了我，那埋在地下就不怕蚂蚁吃了我么？你们把我从乌鸦老鹰嘴里抢走送给蚂蚁，为什么那么偏心眼呢？"

如果能这般把生看得开，把死悟得透，也就不会为生命的即将终竭而哭泣，相反还会活出生命的本真。"生死有命，富贵在天。"生命诚然是宝贵的，然而它又是短暂的，死而不能复生，因此活着就应当顺应自然，面对现实，淡然面对生活。淡然面对生活是乐生重生，遵循生命的规律，追求高目标，却又看得透、想得开，活得既有意思、有价值，又比较轻松愉快。

提倡看开而不看破，就是不要斤斤计较于一时一事的成败和得失，更不要刻意去追求名和利，而是要反思过去，立足现实，规划未来，以便自己站在更高的起点上，拥有一个更开阔的视野。与看开不同，看破是一种消极的处世态度，对自己丧失信心，对人生无求无望，清欲寡欢，看破红尘，遁入空门。这样的人在自己的人生轨迹上是不会留下什么痕迹的。因此，唯有看开人生中的坎坷与顺逆，方能窥见人生中的哲理与玄奥。

淡定的心灵智慧

真正的看开，就是不执着于权势的追逐、金钱的获得、名利的获取，而是返璞归真顺应自然，保持原有的那种质朴、纯真的自然之性。

看开放下，了无牵挂

有一个富翁背着许多金银财宝，到远处去寻找快乐。可是走过了千山万水，也未能寻找到快乐，于是他沮丧地坐在山道旁。一农夫背着一大捆柴草从山上走下来，富翁说："我是个令人羡慕的富翁。请问，为何没有快乐呢？"

农夫放下沉甸甸的柴草，舒心地揩着汗水："快乐也很简单，放下就是快乐呀！"富翁顿时开悟：自己背负那么重的珠宝，老怕别人抢，总怕别人暗害，整日忧心忡忡，快乐从何而来？于是富翁将珠宝、钱财接济穷人，专做善事，慈悲为怀，这样滋润了他的心灵，他也尝到了快乐的味道。

时下，人们成天名缰利锁缠身，何有快乐？成天陷入你争我夺的境地，快乐从何而言？成天心事重重，阴霾不开，快乐又在哪里？成天小肚鸡肠，心胸如豆，无法开豁，快乐又何处去寻？

非洲土人用一种奇特的狩猎方法捕捉狒狒：在一个固定的小木盒里面，装上狒狒爱吃的坚果，盒子上开一个小口，刚好够狒狒的前爪伸进去，狒狒一旦抓住坚果，爪子就抽不出来了，人们常常用这种方法捉到狒狒。因为狒狒有一种习性，不肯放下已经到手的东西。人们总会嘲笑狒狒的愚蠢：为什么不松开爪子放下坚果逃命？但审视一下我们自己，也许就会发现，并不是只有狒狒才会犯这样的错误。

因为放不下到手的职务、待遇，有些人整天东奔西跑，荒废了正当的工作；因为放不下诱人的钱财，有人费尽心思，结果常常作茧自缚；因为放不下对权力的占有欲，有些人热衷于溜须拍马、行贿受贿，不惜丢掉人格的尊严，一旦事情败露，后悔莫及……

“放下就是快乐”是一个开心果，是一粒解烦丹，是一道欢喜禅。只要你心无挂碍，什么都看得开、放得下，何愁没有快乐的春莺在啼鸣，何愁没有快乐的泉溪在歌唱，何愁没有快乐的白云在飘荡，何愁没有快乐的鲜花在绽放！

淡定的心灵智慧

事事都看得开、放得下，才会心无挂念，轻松快乐。

放下一切该放的东西

放弃是一种境界，大弃大得，小弃小得，不弃不得。

有一个聪明的年轻人，很想在一切方面都比他身边的人强，他尤其想成为一名大学问家。可是，许多年过去了，他的其他方面都不错，学业却没有长进。他很苦恼，就去向一个大师求教。

大师说："我们登山吧，到山顶你就知道该如何做了。"

那山上有许多晶莹的小石头，煞是迷人。每见到他喜欢的石头，大师就让他装进袋子里背着，很快，他就吃不消了。"大师，再背，别说到山顶了，恐怕连动也不能动了。"他疑惑地望着大师。"是呀，那该怎么办呢？"大师微微一笑。"该放下，不放下背着石头咋能登山呢？"大师笑了。

年轻人一愣，忽觉心中一亮，向大师道了谢走了。之后，他一心做学问，进步飞快……其实，人要有所得必要有所失，只有学会放弃，才有可能登上人生的峰顶。

在日常生活中，对于不用之物的处理往往体现出一个人的思维方式。随着人们生活水平的提高，物尽其用的概念已经成为多余。现在家家都有不少已被更新淘汰但并未完全丧失功能的物品，有些人家舍不得丢弃，日积月累，无用之物越积越多，等到堆放不下了，只能惋惜地集中扔掉，并在疲劳的同时慨叹着“早知今日，何必当初”。

有些人随时淘汰那些不再需要的东西，省去了集中处理的精力，平时家中也显得简洁明快。其实人生又何尝不是如此，即便过着平凡的日子，也依然会不断地积累，大到人生感悟，小到一张名片，都是从无到有，积少成多。无论你的名誉、地位、财富、亲情，还是你的烦恼、忧愁都有很多该弃而未弃或该储存而未储存的。人类本身就有喜新厌旧的癖好，都喜欢焕然一新的感觉，不学会放弃无论如何也无法焕然一新的。

人生在世，有许多东西是需要不断放弃的。在仕途中，放弃对权力的追逐，得到的是宁静与淡泊；在淘金的过程中，放弃对金钱无止境地掠夺，得到的是安心和快乐；在春风得意，身边美女如云时，放弃对美色的占有，得到的是家庭的温馨和美满。

淡定的心灵智慧

在生活中，我们应该学会放弃。放弃生命中可有可无的东西，心胸自会坦然。

放弃赢得人生一片天

有一首老歌，歌词最后几句是这样的：“原来人生必须要学会放弃，答案不可预期；原来结果最后才能看得清，来来回回何必在意。”是啊！人生在世，何惧放弃。

一天，有位大学教授特地向日本明治时代著名禅师南隐问禅。南隐是以礼相待，却不说禅，他将茶水注入这位来客的杯子，杯子已满还在继续注入。

这位教授眼睁睁地望着茶水不停地溢出杯外，终于不能沉默了，大声说道：“已经漫出来了，不能再倒了。”

“你就像杯子，”南隐答道，“里面装满了你自己的看法，你不先把自己的杯子倒空，让我如何对你说禅。”

南隐是有道理的。

有时候，如果我们只抓住自己的东西不放，就很难接受别人的东西。特别是现代社会，人变得越来越贪，有些人什么都不愿放弃，结果却什么也得不到。有所失才会有所得。

面对纷繁复杂的世界和物欲横流的社会，懂得放弃的人，是会用乐观、豁达的心态去对待没有得到的东西的，他们每天都有快乐和愉悦的心情伴随左右。而不懂得放弃的人，只会焦头烂额地乱冲，他们不仅最终未能达到目标，而且每天都陷于得失的苦恼之中。

也许放弃当时是痛苦的，甚至是无奈的选择。但是，若干年后，当我们回首那段往事时，我们会为当时正确的选择感到自豪，感到无愧于社会、无愧于人生。也许正是当年的放弃，才到达今天的光辉极顶和成功彼岸。

《卧虎藏龙》里有一句很经典的话：当你紧握双手，里面什么也没有，当你打开双手，世界就在你手中。很多时候我们都应该懂得舍弃，生活中鱼和熊掌都能兼得的时候很少，每一次放弃是为了下一次得到更多的回报。

学会放弃，是放弃那种不切实际的幻想和难以实现的目标，而不是放弃为之奋斗的过程和努力；是放弃那种毫无意义的拼争和没有价值的索取，而不是丧失奋斗的动力和生命的活力；是放弃那种金钱地位的搏杀和奢侈生活的创造，而不是失去对美好生活的向往和追求。

我们有时之所以举步维艰，是因为背负太重；之所以背负太重，是因为还不会放弃。功名利禄常常微笑着置人于死地。诗人泰戈尔说：当鸟翼系上黄金时，就飞不远了。学会放弃，才能卸下人生的种种包袱，轻装上阵，迎接生活的转机，度过风风雨雨；懂得放弃，才拥有一份成熟，才会更加充实、坦然和轻松。

淡定的心灵智慧

人，正因为不懂得舍弃才会有许多痛苦。当自己有了舍弃和清扫自己的智慧时，就会豁然开朗，生命会马上向你展现出另外一个截然不同的景致。

第5章

淡看不完美，豁达且从容

很多人终其一生都在追求完美，生活在自己编织的完美梦想中。当遇到不顺心之事时，经常感叹自己的生活不如意，抱怨命运的不公，埋怨生活的不平。

月有阴晴圆缺，人有悲欢离合。世事本不完美，人生当有不足，完美是上帝给你设下的美丽陷阱，不完美才是人生。面对不完美的世界，我们内心要淡定从容，坦然地接受生活中的一切，接纳世界的不完美，如此，生活会呈现给你一番别有风味的美丽！

人生没有完美可言

一个硬币有正反两面，一个人也有优缺点，没有谁能够成为完美的人，因此我们不要用人生短暂的光阴去盲目追求完美。

事实上，我们是不完美的，可以形容为是上帝咬过一口的苹果，然后丢弃在了人间。我们要想实现完美，就好像大海捞针，最后只会徒劳无功。勇敢的人往往缺少智慧，聪明的人往往缺少勇气；豪爽的人往往心思过疏，谨慎的人往往怀疑过头……一种阳光性格的另一面必然是阴影，我们又怎么能达到完美呢？

一位才思敏捷的牧师对公众做了一场精彩的演讲，最后他以肯定自我价值作为结尾，强调每个人都是上帝眷顾的宝贝，每个人都是从天而降的天使。活在这个世上，每个人都要用好上帝给予的独特恩赐，去发挥自己最大的能力。

听众当中有个人不服牧师的说法，站起身来，指着令自己不满意的扁塌鼻子，说道："如果像你所说，人是从天而降的天使，请问有哪个完美的天使长着塌鼻子呢？"

另一个嫌自己腿短的女子也起身表示同样的意见，认为自己的短腿不是上帝完美的创造。牧师轻松而自信地回答："上帝的创造是完美的，而你们俩人也确实是从天而降的天使，只不过……”他指了指那名塌鼻子的男子，说：“你降到地上时，让鼻子先着地罢了。”牧师又指着那嫌自己腿短的女子，说：“而你，虽是脚先着地，却在从天而降的过程中，忘了打开降落伞。”

俗话说：“人无完人，金无足赤。”故事正是说明这个道理。人生确实有许多不完美之处，每个人都会有这样那样的缺憾，真正完美的人生活中是不存在的，即使是中国古代的四大美女，也有各自的不足之处。历史记载，西施的脚大，王昭君双肩仄削，貂蝉的耳垂太小，杨贵妃还患有狐臭。道理虽然浅显，可当我们真正面对自己的缺陷、生活中不尽如人意之处时，却又总感到懊恼、烦躁。

其实，完美的标准是相对而言的，因人的审美观不同而不同，今天以肥为美，明天就可能以瘦为美。古人以脚小为美，如果今天有“三寸金莲”走在大街上，路人肯定会笑掉大牙。

追求完美没有错，可怕的是追而不得后的自卑与堕落。即使缺陷再大的人也有其闪光点，正如再完美的人也有缺陷一样。能够充分发挥自己的长处，照样可以赢得精彩人生。正如清朝诗人顾嗣协所说：“骏马能历险，犁田不如牛；坚车能载重，渡河不如舟。舍长以就短，智者难为谋；生才贵适用，慎勿多苛求。”

淡定的心灵智慧

缺陷并不可怕，完美也没有十分。面对不足，采取泰然处之、宽容的态度，生活中便会少一分烦恼，多一片笑声。

不完美也是一种美

曾经有一个印度男子娶了一个漂亮的妻子，妻子面貌秀丽，体态婀娜，两人情如金石，恩恩爱爱，简直是天生一对、地造一双。可丈夫认为妻子美中不足的是柳眉、凤眼，樱桃嘴瓜子脸蛋上却镶嵌了一个酒糟鼻，好像是艺术家的粗心，对一件原本可以傲视世间的艺术精品，少雕刻了几刀，显然是一种遗憾，她的丈夫对妻子的鼻子终日耿耿于怀。一日他路过一个奴隶市场，看到一个身材单薄、瘦小清纯的女孩，正在等待着人们挑选购买，他突然发现这个女孩的鼻子很端正，于是不惜一切地买了下来。

他花高价买到了一个鼻子很端正的女孩，兴高采烈地带回家，想给心爱的妻子一个惊喜，到家中，他用刀子把女孩的漂亮鼻子割了下来，他拿着血淋淋又温热的鼻子对太太说："亲爱的，快出来，看我给你买回来的最宝贵的礼物。"妻子说："什么礼物值得你这样大惊小怪？"妻子从房间里出来。"你看，我给你买来了世界上最好看的鼻子，你戴上看看。"他说完拿起刀把妻子的酒糟鼻子也割了下来，他赶紧把那只端正的鼻子嵌贴在伤口处，但是无论他如何放，那个漂亮的鼻子就是始终无法粘在妻子的鼻梁上。

这个故事告诉我们，一味追求完美，不敢正视自己的缺点是多么的可怕。完美主义者做事的时候总是力求不存缺憾，哪怕是无关紧要的细节也不能放过，孰不知要求完美是一件好事，但是如果做过了头，反而比不完美更糟糕。

每个人都追求完美，每一个人都渴望完美，无论对别人，对自己，对环境，对工作。可这世界上能找到完美的事物吗？当有缺点时，不如正视它吧，不完美也是一种美！

福特公司的总裁曾在全体员工面前亮出他自己的缺点，列举了五大点：

第一，我太在意时间。因此，我常常过分系统化，一时之间想完成太多的事，因而进度落后，不免焦躁或恼怒。

第二，我绝对公私分明。这使我看来不通人情，对与公事无关的个人小事毫无兴趣。

第三，我不注重细节。我有点大而化之，宁可将事情简化。当进行一件重大的计划时，我常把可能延误或阻碍整件方案的问题摆在一边，先将事情做成，最后再来处理这些细节。这种做法使我不至于在细枝末节的崎岖小径里迂回打转，绕不出来；但是也可能因考虑不周全，失去一些机会或造成不必要的误解。

第四，我要求的价码太高。平常我觉得这是个优点，但可能也吓跑了一些我应当跟他交往的人。

第五，我很爱吃东西。美味当前，我总是先吃了再说，吃完之后再来担心。

福特公司的总裁并没有因亮出自己的缺点而让员工瞧不起，

相反，员工们更佩服他了。

那么，你是否也想想自己的缺点呢？你能不能诚实地指出自己在个性、态度、行为上的短处呢？

生命中小小的残缺，如同维纳斯女神一样，正是因为有了断臂的缺陷而变得更加真实特别，更加美丽动人，更加大气典雅，美得更加令人心醉神迷……

淡定的心灵智慧

人生难免有缺陷，对于缺陷，我们需要做的是保持淡定的态度，正视缺陷。因为有些缺陷恰好是一种美丽的优点，不经意间铸就了另一种人生。

适可而止，避免过犹不及

几个年轻人一同外出度假，在海边他们看见一栋5层的小旅馆，他们决定在这家旅馆过夜。

旅馆的门童向他们解释道："我们一共有5层楼，你们可以一层一层地走上去，一旦觉得某一层的设施令你们满意，你们就可以停留下来。为了帮你们做出决定，我们在每一层楼都立了块告示牌，上面写明了这一层都有些什么。但是要记住，一旦决定住某一层，就不能再反悔。"

年轻人听明白这规则后，都很感兴趣，他们走进了旅馆。

在第一层楼，他们看到告示牌上写着："这里的房间床板都很硬，地毯也是旧的，而且没有上门早餐的服务。"看了这个，年轻人哄笑起来，他们毫不迟疑地向楼上走去。

第二层的告示牌上写着："这里的房间还好，床板不太硬，地毯半新，但没有上门早餐服务。"这个当然也没能留住几个年轻人的脚步。

他们行进到第三层楼，告示牌上写的是："这里的房间很舒适，床很软，而且还有上门早餐服务，唯一不足的是地毯有些旧了。"

这个看起来不错，年轻人讨论着，可是上面还有两层楼呢。

于是，他们还是放弃了。

到了第四层，这一层的告示牌上的内容几乎是完美的：“这里不仅房间舒适，而且所有用品都是新的，并且，明早会有上门早餐服务，我们还会送您水果。”

这一次，年轻人都非常感兴趣了。他们商量了一会儿，结果却没有达成一致，因为有人还想到第五层看看。

他们终于来到了第五层，然后，他们都傻眼了，这一层空荡荡的，连一个房间也没有，告示牌上写着一行字：“这里没有房间，更不用说一个舒适的夜晚。设置这一层楼的目的只是为了玩笑，但遗憾的是，您是又一个被玩笑捉弄的人。”

我们往往会遇到某种选择的机会，就像这家5层楼的旅馆，每一层都比前一层好，每走一步都可能比前一步得到更多。但是，在你一个劲儿往前冲，争抢着获取最丰厚的礼物时，你学会适可而止了吗？别忘了，有时候，多走一步，不如冷静地站在原地，多想想。

其实做事情都应该学会适可而止。其实哲学里面是有说法的，就是真理过头了必然走向谬误。这样的例子简直举不胜举，比如报载四川师大一个品学兼优的漂亮女孩儿，毕业后到了一个重点中学教高中，课本来教得蛮好，但是她力求完美，结果长期苦恼，造成了心理疾病，又无人可以沟通，领导长辈对其关怀不够，结果自杀身亡。遗憾惋惜之余带给我们很多思考。

我们在说话的时候常常会提到适可而止，意思凡事不要太过，过犹不及。如同少许的盐可以使菜味道鲜美，但过咸就会觉得苦；少许的糖可以感觉到甜蜜，过甜则会腻。平衡是宇宙之法。任何事物不会太过，太过就会滑向反面。于是我们开始提倡适度，但这个“度”究竟如何界定呢？身为凡人的我们大伤脑筋，似乎很少有人很准确地约束自己的行为，因此，“不及”和“过”这两个词慢慢出现，其实效果都是一样的，都是“不及”。

有时，我们在做事情的时候，往往力求完美，这样似乎也有些过。其实世界上没有什么完美的事物，太完美了也就显得不真实。

淡定的心灵智慧

追求完美无可指责，但也要有个限度，适可而止，避免过犹不及。否则就会事事近乎苛求，给自己带来无尽的痛苦和烦恼。

追求完美，不苛求完美

真正的完美在生活中是不存在的，我们没有必要事事去追求完美。

我们不要求达到生活的完美。生活本身应该有些风浪，风浪正是我们出航的助力。如果我们生活在一帆风顺中，我们不会增长自己的才干，同时也很难体验生活的乐趣。

有一个人从来没有出过海，他的朋友约他一起前往。他有点犹豫，害怕出现翻船。朋友好说歹说地规劝他："如果你总是这么杞人忧天，还不如从一出生就躺在床上，这样什么危险也没有了。"这个人经不住朋友的劝告，于是两人一同前往。

刚开始时，大海风平浪静，两人觉得心旷神怡。没过多久，风浪就来了。船有些摇摇晃晃，那个人有些紧张，朋友告诉他说没什么可担心的，这是常有的事情。这个人情绪有些舒缓。果然，没过多长时间，风浪就平息下来了。等他们回到家的时候，那个人对朋友说："虽然有点惊险，但是还真有趣。"朋友呵呵一笑。

我们的生活何尝不是这样？当我们年轻的时候，我们畏惧这个风险，担心那个风险。当时就有过来人告诉我们说，一切顺其自然。事实证明，我们担忧的90%的事情都没有发生。我们回过头去看那段生活的时候，发现经历了这样的日子，生活才变得丰富起来，连痛苦的经历都成了美好的回忆。

生活就是这样，不可能完美，不可能一帆风顺。我们也没有必要追求完美，追求一帆风顺。我们要追求的是适应和驾驭生活的能力，就像我们在大海上，要做的是适应和驾驭那条摇摇晃晃的船。我们没有办法祈求上天给我们一个完美的生活，我们应该依靠的是自己。

我们不要求达到事业的完美。追求事业的完美容易陷入空谈，因为事业的成功关键因素在于你的资源和你的事业是否匹配。没有资源，一切都是枉然，只能陷入空谈。因此我们发展自己的事业，不要想着一开始就做大事。事实上，事业的起步往往是从小事情做起的。如果一个人觉得小事情琐碎，不屑于去做，那么他也不大可能做大事情。任何庞大的机器都是由一个个部件组成，这些部件的运转如何直接决定了机器的运转。大事情也是由一堆小事情有机组合而成，因此做好小事情，就成为成功运转大事情的基础。

淡定的心灵智慧

尽心就意味着完美。在做任何一件事情时，只要我们抱着“没有最好，但有更好”的态度，用心去做事就可以了。对于那些缺憾，我们只要把它当作教训，引以为戒，并以此来激发下一步的行动，完全不必把它过于放在心上。

在缺憾中升华美

生活如琴，让轻松的梦幻曲在我们的指间滑落；生活如歌，用蝴蝶、月光、鸟语写成一首首“让心灵燃烧的歌”。

曾见识过这么一位人力三轮车师傅，50多岁，看得出他年轻时相貌堂堂，如果去唱歌，应该属偶像级的。问他为什么愿干这样的活儿，他笑着从车上跳下，并夸张地走了几步给我看，哦，原来是跛足，左腿长，右腿短，天生的。

我有点不忍。可他却很坦然，仍是笑着说，为了能不走路，踩三轮车，便是最好的伪装，这也算是“英雄有用武之地”。不时，他还转过头“告慰”我：“我老婆很漂亮，儿子也很帅！”

坐他的车，如沐春风。他说，自己没什么文化，有好体力，踩三轮车，很环保，也可养家糊口，一天可挣上百元，他有“人生三愿”，即吃得下饭，睡得着觉，笑得出来。

就因为这“三愿”，我多付了他一倍的车钱，他非常高兴，他是真的快乐。这让我想起另一位跛女子，她喜欢跳舞，因为微跛，一些弧步反而跳得更美丽、流畅，所以她成了舞厅皇后，她总结说：“我利用了我的不足！”

而另一位女子喜欢自助旅行，一路上拍了许多照片，并积极出版发行。记者在采访她时，她很认真地说："因为我长得丑，所以很有安全感，如果换成杨钰莹或张柏芝等美女一个人自助旅行，那就很危险了，我得感谢我的丑！"

英国有位作家兼广播主持人，他叫汤姆·撒克，事业、爱情皆得意，但他只有1.3米，他不自卑，别人只学会"走"，他学会了"跳"，所以，他成功了，他有句豪言壮语"我能够得到任何想要的东西。"

有一位著名作家总是这样对自己说："如果没有出生在世，我就无法听到踩在脚底的雪发出的呀呀声，无法闻到木材燃烧的香味，也无法看到人们眼中爱的光芒，更不可能享受到因为自己的奋斗而带来的成功的快乐……能活在世间，是一件多么幸运的事啊！我为什么不尽情地享受生活中的每一天？"

生活中有许多缺憾，但你要学着把缺憾升华，不为缺憾而悲观，尽情地去享受生活。生命也正因为这些缺憾而呈现别有风味的美丽！

淡定的心灵智慧

人生有许多不完美之处，每个人都会有或这或那的缺陷。对于人生的缺憾，也不必太在意，把它放在心底的一角留给自己慢慢体味。因为完美是一种美，缺憾也是一种美。

坦然接受生活中的不完美

罂粟花看似美丽，但它背后却是一个黑洞。完美主义就犹如这罂粟花一样美丽、诱人，大家都在追求它。可是完美的东西是不存在的，有些人为了追求这虚无缥缈的东西而走火入魔。当完美主义到了一种极端的状态是非常可怕的，认为任何东西不能存在不完美，必须要完美无缺不可，越是完美就越觉得不完美，就越觉得痛苦。适度的完美主义是有益的，但如果到了一种极端的地步，就像美丽的罂粟花一样，外表美丽，背后却是万丈深渊，甚至是一种心理疾病。

完美主义的问题正是在于“恐惧缺憾”，害怕令人失望从而避免感到内疚，因此也是一种心理疾病。

玛丽一直是一个追求完美主义的人：工作做得得心应手，一路高升；与上下级相处融洽，在纷繁的人事关系中游刃有余；生活中的大事小事，事前会作出合理安排，不出差错；多年来一直保持苗条身材，体重上下幅度精确到500克……

可在准备与人约会的时候却出了问题，她用两个多小时去做发型、精心化妆和仔细挑选衣着，但始终觉得不满意，最后沮丧地取消了约会，谁也没见。

像玛丽这样就属于典型的一种病了。耶鲁大学心理学教授高兰·沙哈博士说："这是一种'流行病'，我们所处的社会对人们提出的要求就是：不断作出成绩。"这些完美主义者们即使事情最终成功地完成，也还是不会快乐，他们更在乎的是："那又怎么样呢？""接下来的事情能成功吗？"这些人总是对自己提出很高要求。久而久之，便会积郁成疾。

完美主义者不管对人还是对事，都高标准、严要求，力争尽善尽美。心理学将完美主义者分为三种类型：

一是"要求他人"型，为别人设下高标准，不允许别人犯错误，这类人往往人际关系糟糕，婚姻一般会遭遇失败。

二是"要求自我"型，给自己设下高标准，而且追求完美的动力完全是出于自己，这类人容易陷入自我批判和情绪沮丧之中。

三是"被人要求"型，总感觉别人对自己有更高的期望，于是为之不断努力，这类人则容易陷入忧郁，甚至会产生自杀的想法。

心理学家的治疗方法之一，是让患者换一种新的思路，即尝试不完美。比如一位女性，她总是苛求自己在角色中做得更好些。于是，心理学家便告诉她，每天工作的时间不要超过下午5点，而以前她会一直工作到7点。不用天天都在家里吃自己做的饭，可以固定安排一顿晚饭在外面吃。慢慢地，便有所改变。

在这个世界上，没有人能够做到完美。我们至多能做到接近完美，或更接近完美。做任何事情的时候，都需要时时刻刻忍受各种各样的不完美，否则任务根本无法完成。就算最终完成，结果也常常是不完美的。生活本身就不完美，谁的生活都是伴随着风风雨雨，你不接受也不行。这就是生活的真实性。

淡定的心灵智慧

生活中没有绝对的完美，又何必去强求，要知道过于苛求完美只能是对自己精神的一种折磨。坦然接受生活中的不完美。

适应并接受世界的不公平

有一天上帝听到人们都在抱怨：这个世界太不公平。上帝决定制造一种绝对公正的东西。上帝首先选择了善良。“人之初，性本善”，谁知道后来人们都开始欺负善良的人，利用善良的人，不珍惜善良，而且越来越多的人开始不喜欢善良，甚至怨恨和冤枉善良的人。上帝觉得不公平，于是放弃了善良。接着，上帝选择了诚实。上帝相信人们一定都喜欢和善待诚实，因为上帝相信任何人都不喜欢生活在虚假的世界里。可是，这次上帝又错了。人们开始欺骗诚实的人，陷害诚实的人。恶人和善人都在抱怨诚实。上帝又选择了健康、笑容、幸福、快乐……直到最后上帝迷惑了。上帝不知道还能不能找到一种绝对公正的东西来停止人们的抱怨。上帝自问：是我太没有能力了，还是人们太贪婪了？

这时，有一种无形的东西走了过去，转瞬即逝，上帝还没有回过神来，已经消失得无影无踪，上帝决定追上去。可是，任凭上帝怎么努力，这种东西都能无孔不入，无处不在，我行我素，从来不听从于任何摆布，能抓在手里的总没有失去的多，能感觉到的总没有逝去的多。这时，上帝笑了：这不就是我一直在找的东西吗？一个连我都无能为力的东西，一个连我都敬畏的东西，人们怎么可能不抱怨呢！

上帝说的是时间。在转瞬即逝的时间中穿行，人们想要的绝对的公正太渺茫了，或者说一味地追求绝对的公正，得到的只能是抱怨与过着不幸福的生活。

《博弈圣经》上说：公正是不自愿和高兴之间的均赢。从这句经典的博弈言论中，我们了解到，公正无绝对。这是个赢家通吃的社会，在无处不在的偏见面前，善用无绝对的公正论，赢家就是你。博弈，说白了就是赌博，但又不能与赌博相等。有人认为博弈是阳光下的赌博，而赌博是隐蔽下的博弈，二者的区别就是一个实体法则在飞秒瞬间界定的。在现实的生活赌博赛中，要想成为赢家，过得快乐，就要懂得：不要希求绝对的公平与公正，要勇于接受不公平现实，调整自我心态，在不公平的世界活出最好的自己。

淡定的心灵智慧

世界是不公平的，不是所有的人都能功成名就，不是所有的时候都充斥着美好和温暖。我们所要做的就是心平气和地接受不公平的世界，接受不能改变的，改变自己能够改变的。

不要让完美阻碍完成的脚步

大多数人都知道断臂的维纳斯塑像，她的断臂当然不是雕塑家的初衷，而是从地下挖掘出来时无意中给碰掉的，可是人们却惊讶地发现她是如此之美。也许这种美恰恰就在于她的残缺——失去双臂，这就是残缺美。失去也是得到，有缺憾的地方正好给人们留下了广阔的想象空间。没有最好，只有更好，有志者总是在这样的信念下追求着。要做到这一点，就要打开两扇心灵窗户，只开一扇窗户，就会视野狭隘，使自己变得孤陋寡闻，只能看到比自己逊色的人；多打开一扇窗，眼前就会变得豁然开朗，不仅会欣赏到自然美景，而且还会接触到智慧和才能比自己更优秀的人。

有这么一个故事。一个人去看心理医生，医生问他说："你觉得什么地方不对劲？"

这个人回答："祖父两月前去世，留给我7.5万元；上月一个表亲死去，留下10万元给我。"

"那你还有什么不开心的呢？"

"这个月我一毛钱也没得到。"

有些人面对自己的不如意，或是面对不是自己设想的事情，就失去了控制力，放弃了一切。这是因为他们太过于追求完美。

其实，“完美”只是一个目标，唯有通过每一次的“完成”才能使工作、生活更趋于“完美”，不要让“完美主义”阻碍“完成”的脚步。如果一个人为了追求完美，而不敢去“完成”，他便永远品尝不到完美的果实。

世间的一切从某种意义上说，是呈现在不完美、不完整与不精确的状态中的，而人们的头脑却要求一切是完美的、完整的、精确的，显然，头脑是在对抗这既存的事实。一切都是不完美、不完整和不精确的，我们又何必违逆自然，让心变得不安宁？很多的烦恼，就是因为放不开完美、完整与精确的心理需求。追求完美使人变得没有弹性，变得不随和，变得不快乐。

淡定的心灵智慧

如果你是“完美主义”者，那么要尽快把自己变成“完成主义”者，不必在乎成果，也不要管别人的批评，只要开始行动，完成一分的成果，你定能收获九分的快乐。

淡看完美，豁达又从容

别跟自己过不去，也别跟生活过不去，没理由不滋润，不快活，关键是我们选择什么样的角度看生活与看自己。我们有我们的悲哀，生活有生活的难处，应当学会原谅生活。

“月有阴晴圆缺，人有悲欢离合，此事古难全。”古人有古人的悲哀，可古人很看得开，他把人世间的悲欢离合比作月的阴晴圆缺，一切全出于自然，其中有永恒不变的真理，它像一只无形的手在那里翻云覆雨，演绎着多色多味的世界，今人也有今人的苦恼，因为“此事古难全”。

许多人一直在追求完美，生活在完美编织的梦想中，经常感叹自己的生活不如意，抱怨自己的命运不顺，埋怨生活的不公。其实生活仍然是生活，关键看你选取什么角度。

追求完美但总是难以得到完美，心情就会难免沮丧失落。于是对一切感到乏味，生活的天空阴云密布，看什么都不顺眼，像T恤衫上印着的“别理我，烦着呢！”生活中有很多时候令我们心情不好，面对高考落榜，面对失恋，面对解释不清的误会，我们的确不易很快地超脱。但是人有逆反心理，更多的时候是“多云转晴”。烦些什么？你的敌人就是你自己，战胜不了自己，没法不失败；想不开，钻死胡同，全是自己所为。

有时候，我们要现实一点，不必过分苛求完美。“不识庐山真面目，只缘身在此山中”，走出去或登到顶上去，你会看到另一番景象。

我们看清了自己，再来看生活，也许多了几分宽容在里面。生活本身，并不是可以实现所有幻想的万花筒，生活和我们是相互选择的，不该过分计较生活的缺憾，生活本来就没有承诺过什么。它所给予的，并不总是你应当得到的，而你所能取得的，是凭你不懈的真诚和执着所能得到的。

放下完美，放低标准，原谅生活是一种积极有效的方式。原谅生活，不是可以淡漠所有的不公，不是为了超脱凡世的恩怨，而是要正视生活的全面，以缓解和慰藉深深的不幸。相信生活，才能原谅生活，如果你的桅杆折断，不论是你自己的错，还是生活的错，都不该再悲哀地守着荡舟的孤独。

淡定的心灵智慧

不苛求完美，就是原谅生活，是为了更好地生活。桅杆折断，请重新支起新的桅杆！

向完美主义说再见

谢尔·西尔弗斯坦在《丢失的那块儿》里讲过这样一个故事：

一个圆环被切掉了一块，圆环想使自己重新完整起来，于是就到处去寻找丢失的那块儿。可是由于它不完整，因此滚得很慢，它欣赏路边的花儿，它与虫儿聊天，它享受阳光。它发现了许多不同的小块儿，可没有一块适合它。于是它继续寻找。

终于有一天，圆环找到了非常适合的小块，它高兴极了，将那小块装上，然后就滚了起来，它终于成为完美的圆环了。它能够滚得很快，以致无暇欣赏花儿或和虫儿聊天。当它发现飞快地滚动使得它的世界再也不像以前那样美好时，它停住了，把那一小块又放回到路边，缓慢地向前滚去。

人生就是充满缺陷的旅程。从哲学的意义上讲，人类永远不满足自己的思维、自己的生存环境、自己的生活水准。这就决定了人类不断创造、追求。从简单的发明到航天飞机，从简单的词汇到庞大的思想体系。没有缺陷，产品便不会一代代更新。没有缺陷就意味着圆满，绝对的圆满便意味着没有希望，没有追求，便意味着停滞。人生圆满，人便停止了追求的脚步。

生活也不可能完美无缺，也正因为有了残缺，我们才有梦，有希望。当我们为梦想和希望而付出我们的努力时，我们就已经拥有了一个完整的自我。生活不是一场必须拿满分的考试，生活更像一个足球赛季，最好的队也可能会输掉其中的几场比赛，而最差的队也有自己闪亮的时刻。我们的所有努力就是为了赢得更多的比赛。当我们能继续在比赛中前进并珍惜每场比赛时，我们就赢得了自己的完整。

世间的一切从某种意义上说，是呈现在不完美、不完整与不精确的状态中的，而人们的头脑却要求一切是完美的、完整的、精确的，显然，头脑是在对抗这既存的事实。一切都是不完美、不完整和不精确的，我们又何必违逆自然，让心变得不安宁？很多的烦恼，就是因为放不开完美、完整与精确的心理需求。追求完美使人变得没有弹性，变得不随和，变得不快乐。

十全十美在现实中是很难找到的，这种完美之事只存在于人的想象当中。美好的人生并不是完美无缺的，而恰恰是因为有缺憾才会有追求，去拼搏，才会使自己的生命分外精彩。

淡定的心灵智慧

没有缺憾，我们便无法去衡量完美。仔细想想，缺憾其实不也是一种完美吗？因此，我们不要追求所谓的十全十美，要向完美主义说再见。

第6章

得意要淡定，失意要坚定

成功常常与失败相伴。人的一生，有如簇簇繁花，既有红火耀眼之时，也有暗淡萧条之日。面对成功或荣誉，不要欣喜若狂、得意忘形；面对挫折或失败，也不要灰心丧气、失意消沉。

面对挫折、苦难，能否保持一分淡定坦然的情怀，能否保持一种积极向上的人生态度，这需要博大的胸襟，非凡的气度。在逆境中磨炼出我们的意志，在顺境中修养自己的心灵，这就是最大的收获。

得之淡然，失之坦然

生活中，我们有时会看到这样的现象：当一个人取得成功的时候，他会欢呼雀跃，以最隆重的方式庆祝这一成绩。但如果是失败了，他便会失望懊恼，觉得自己被世界抛弃了，没有人爱自己，更没有人会关心自己此时的心情。在这种坏情绪的驱使下，他的心情开始更加低落，觉得任何人都在嘲笑和讽刺自己，甚至没有勇气再面对世人，于是选择结束宝贵的生命。这样的人，不能坦然面对人生中的得失，这是十分不明智的。

有些人总是欣喜于得到的东西，一包零食、一杯咖啡、一份礼物、一个帮助、一个微笑……每一次的得到都是对人生的充实，都是自我价值的实现，这并没有错。然而，有些人总是纠结于失去的绝望，失去友情、失去亲情、失去爱情、失去晋级、失去奖赏……失去其实不是残缺的代名词，并不意味着是不完美的人生。因为得到与失去之间、成功与失败、幸福和痛苦之间，只有一步之遥，我们不必将两者之间的界限划得如此分明，坦然和淡然才是最明智的心态。

要知道，人世间有很多事物，不管我们花了多大的力气，花费多大的心机，即便可以暂时拥有，也不能够长长久久，我们又何必为了这短暂的失去而让自己沉溺于长久的痛苦之中呢？如果我们一味地追逐获得，抑或死守现有的获得，就会身心疲惫，成为生活的仆人、心灵的奴隶！

面对人生中的得失悲喜，我们要做到坦然应对和淡然处之，就必须要让自己学会安顿自己的心灵，不以物喜，不以己悲。如果失败了，不用纠结，拍拍灰尘重新争取；如果犯错了，不用心碎，吸取教训及时改正；如果成功了，不必得意，百尺竿头更进一步；如果收获了，不必沾沾自喜，得失之间泰然处之。当你可以做到坦然地面对生活中的一切悲欢离合时，你便可以得到自己想要的幸福生活。

淡定的心灵智慧

人生短暂，不可每天都轮回在得与失之间，流浪在快乐与痛苦之间，而是要以淡定心面对一切，得之淡然，失之坦然，才能获得幸福的生活。

顺境逆境，始终淡定

生活不总是一帆风顺的，也正因为如此，我们的生活才有滋有味，才多姿多彩。顺境时，我们懂得享受生活，知道这是生活赋予我们的财富；逆境时，我们往往惊慌失措，像一叶迷航的孤舟，靠不了岸。其实，一时处在顺境之中，不意味着永远一帆风顺；一时处在逆境之中也不意味着永远没有出头之日。关键看你怎样面对。

两个不如意的年轻人一起去拜望师傅："师傅，我们在办公室被欺负，太痛苦了，我们都不想干了。"

师傅闭着眼睛，隔了半天，吐出三个字："淡定心。"就挥挥手，示意年轻人回去。

回到公司，一个年轻人就递上辞呈，回家种田；另一个静下心来，埋头工作。转眼间十年过去了，回家种田的以现代方法经营，成了农业专家；另一个留在公司的也不差，他忍着怨气，努力学习，渐渐受到器重，成了经理。

有一天，两个人向师傅汇报自己的成就，师傅仍然闭着眼睛，隔半天，吐出三个字："淡定心。"

面对失败和挫折，淡定心是一种乐观、自信，能重整旗鼓，这是一种勇气。

面对误解和仇恨，淡定心是一种坦然、宽容，然后保持本色，这是一种达观。

面对赞扬和激励，淡定心是一种谦虚、清醒，然后不断进取，这是一种力量。

面对烦恼和忧愁，淡定心是一种平和、释然，然后努力化解，这是一种境界。

面对这些种种经历，只要你勇于面对，达观待之，不耽于梦想，不被它左右，只要你拥有一分淡定的心态去面对，生活将是一帆风顺！

无论在什么境遇中，都需保持一颗淡定心。顺境或逆境；得意或失意，都应始终淡定其心，不卑不亢、不骄不躁、不沉沦、不悲观、不羡慕、不攀比，保持自己的心理平衡，对自己的生命负责，让自己生活在幸福之中。

淡定心性，才能突破自我，活出有意义、幸福的人生。

淡定的心灵智慧

人生有坦途也有波折，有乐也有苦，有起伏才有淡定，有苦痛才有馨香。得意之时，要学着把自己看得低一些；失意之时，要学会忍受寂寞，努力沉淀自己。

淡对人生风云变幻

坦然，是一种平和的心境，就是要求我们心态平和地面对一切。人生中的磕磕绊绊不计其数，许多成败得失都不在我们的预料之中，也不在我们都能够承担的范围之内，但只要我们努力去改变，求得一分付出后的坦然心态，那么，我们也会得到一种别样的心安和快乐。

中国历史上的西楚霸王项羽乌江自刎的故事家喻户晓。

当年，项羽来到乌江边时，乌江亭长就已经撑好船等着他。亭长对项羽说："江东虽小，也还有方圆千里的土地，几十万的民众，也足够称王了，请大王急速过江。现在只有我有船，汉军即使追到这儿，也没有船只可渡。"项羽笑道："上天要亡我，我还渡江干什么？况且我项羽当初带领江东的子弟八千人浩浩荡荡渡过乌江向西挺进，如今却无一人生还，即使江东的父老兄弟怜爱我而拥我为王，我又有什么脸见他们呢？即使父老乡亲们不说，我项羽难道不会感到内心有愧吗？"项羽叹了口气，接着对亭长说："我知道您是忠厚的长者，这匹战马跟随我五年了，所向无敌，常常日行千里，我不忍心杀掉它，就把它赏给您吧！"于是命令骑马的都下马步行，手拿短小轻便的刀剑与敌人交战。

接下来就是一场敌强我弱的战斗，项羽一个人杀了数百汉军士兵，自己也受伤十多处。这时，聚集过来的汉军越来越多，其中就有项羽当年的旧部吕马童。项羽笑了，他大声地招呼说：“这不是老朋友吗！”背楚降汉的吕马童难为情，不敢正视项羽，扭过头去对另一员汉将王翳说：“这就是项王，这可是‘新朋友’了。”项羽大声地说：“听说贵国出大价钱，赏千金、封万户侯，买我的人头，我就送个人情给你吧！”说完，便一剑砍下自己的头颅。

这段故事中的项羽，虽然死得很壮烈，却也很凄惨，曾经让人闻风丧胆、不敢仰视的英雄，却在如此卑劣的争夺下死无全尸。说到底，项羽本可不死的，所谓“留得青山在，不怕没柴烧”，一次失败并不能代表永久，只要还有东山再起的机会，为什么不给自己留一条后路呢？不得不说，项羽将成败看得太重，倘若他能放下心中的自责，回到江东，一定还能打下一片属于自己的江山。

人生当中，身外之物何其多，若得到了，要能够坦然处置，切不可忘乎所以；若失去了，不要大悲大痛，切不可妄自菲薄。如此这般，超过自我，淡看人生风云变化，拒绝挣扎与厮杀，从而过上恬静、淡雅的平静生活，用完美的音符谱写和谐的人生乐曲。

淡定的心灵智慧

当一个人能够坦然面对失败，面对失去却依然处变不惊的时候，他的人生之路上就会铺满鲜花。

厄运来临，淡然以对

人一生短短几十年，总会遇到这样那样的挫折。从一生下来就顺风顺水几十年的人就如天外来客般稀罕。所以，人遇到些挫折其实是正常的，一点儿也不需要怨天尤人，只要懂得面对就行了。平素我们见到那些成功的，尤其是声名显赫的人，一股崇敬羡慕之意就会油然而起。特别是这人年岁、背景、相貌和自己相仿时，简直就会有点儿妒忌了，他怎么就那么好运呢？可是，你有没有想过，其实人家背后也有许多辛酸，人家也并非一帆风顺，人家也在挫折中挣扎过呢。过来人并非都顺利，但他们勇于面对挫折、懂得面对挫折。

不论遇到什么挫折、身处怎样的挫折，你都要勇于面对。你来到这世上，长大成人原本就很不容易。母亲怀胎十月，经历了地裂天崩的临盆。父亲呕心沥血，承担了朝思暮想的教养。再就是周围的一大帮亲友，无不对你施与殷切的关怀。他们都在期待你的成就。

其实，你完全不必用事业有成来报答。你只要有自立社会的骄傲，他们就感到莫大的欣慰了。因为这一点，你变得完全没有权利退缩。

或者，退一万步说，你从一生下来就很不顺利了，并没有前面说的那些“施与”，可那又怎样呢？只不过将挫折的时间提前了而已，只不过将你的起点放低些而已。

到了今天，你已经能够独立思考，不说明你已具备自立的能力了吗？尽管历经坎坷、历经曲折，但也正好说明你已经成长了，你的起点提高了。因此，不管未来怎样，你还有什么不能面对的呢？

面对，有时是需要很大勇气的。尤其是当你遇到的是一般人不会有的挫折，并被别人难以想象的困难包围着的时候。有些人便在这样的境况中挺不住寻了短见，或者消沉了、颓废了。旁人只好无奈的惋惜。其实，消沉是懦弱。失去了面对的勇气，放弃了继续抗争的权利，放弃了多彩的人生……放弃了一切。一切都放弃了，你就再也不会有机会去获得，哪怕是一丁点儿的权力。自然也就无从谈成功了。所以，当你遭遇挫折、面临困境时，你最需要的是面对的勇气。只要你敢于面对了，你就有了机会，捕捉常常是随之而来的成功机遇，追求多姿多彩的人生，品尝可以令你荣耀的新生活。

如果乐天一点，你不妨把遇到的厄运看作是一个机遇。这样的机遇在平常的日子、在顺境的时候是碰不到的。这么一“看作”，你不但有了勇气，可以轻松去面对厄运，而且平添了一份使命感，俨如“替天行道”了。因为常人不会有的经历，你大可以自信自己有一个常人不会有的美好将来。

身处挫折需要懂得面对，而顺风顺水的时候，也要为争取领先或者保持领先而学会面对。

总之，学会面对，对一个人的一生是极为重要的。因为重要，你可以将你的一生都看成是不停地面对。事实上，你要穷尽你的智慧和胆识去面对。

淡定的心灵智慧

学会淡然地面对厄运，学会不懈地面对厄运，最终可把你带向你期望的成功，让你的人生闪耀出令你自豪的光彩。

坦然面对人生的得失

有一28岁的男青年程某在长沙市芙蓉路某大厦应聘的时候，收到一条手机短信，短信称其中了500万大奖，其言凿凿，不容置疑。生活境况不佳、正在四处找工作的程某看过短信后欣喜若狂，大声叫道："中了，中奖了！"随后便一头栽倒在地，两眼发直，四肢抽搐。周围的人立即拨打120，长沙市医疗急救中心医务人员迅速赶到现场，发现程某已进入濒死状态，急救人员一边抢救一边将其送往长沙市一医院。等送达医院时，程某早已停止呼吸。

普遍来说，人们总是习惯于得到而害怕失去。尽管"有得必有失"的道理人人皆知，但是，人们都依旧认为得到了可喜可贺，而失去则可惜可叹。每有一失，总要难受一阵，甚至为之痛苦。

确实如此，许多事的得失成败我们都无法预料，当然也承担不起，我们唯一能做的就是尽力去做，求得一分付出之后的坦然与快乐；许多人我们捉摸不透防不胜防，经常是我们想走近，人家却早已设起屏障，我们不必去计较什么，当我们在必须面对他们时，献上我们的真心，然后感到自己的伟大；许多的选择如果让我们抓住，有可能导致我们的成功，但我们一次次失去机会，没有关系，那只是命运剥夺了你活得高贵的权力，却没有剥夺你活得伟大的权力！

我们必须时刻让自己保持一颗淡定的心态，应当随时调整自己的情绪，进而学会保持适度的冷静与清醒，使之有理、有节，达到平衡适中，以免内心的激情狂潮过于汹涌而乐极生悲。

生命的幸福与不幸，完全不在于降临的事情本身是苦是乐，最重要的就是看我们怎样去面对这些事。一定要记住：没有蓝天的深邃可以有白云的飘逸；没有大海的壮阔可以有小溪的优雅；没有原野的芬芳但可以有小草的翠绿！生活中没有旁观者的席位，我们总能找到自己所在的位置、自己的光源，自己的声音！不论何时，我们都要淡定坦然地面对生活！

坦然地面对失去，就要及时地调整心态。已经失去了，就要面对事实，承认失去，不能总沉湎于已经失去的东西，不能总沉湎于已经不存在的东西之中。得到和失去其实是相对的。为了得到，需要失去，因为失去一些，可能意想不到地得到了另一些。民间安慰丢东西的人总是说："旧的不去新的不来。"事实就是这样。与其为了失去而懊恼，不如全力争取新的得到。应该明白的是，有时失去并非一定是损失，而是放下、奉献，是大步跃进的前奏或者序曲。

坦然地面对失去，就是胸襟更豁达一些，眼光更长远一些。坦然地去面对人生中的得失，不能像有些人那样自我姑息，也不能像某些人那样"看破红尘"，碌碌无为地生活。与树的生长一样，我们要经常为自己整整枝，打打杈，排除那些不必要的留念与顾盼，以便集中精力，实现自己的人生目标。这样，大而言之，有益于社会；小而言之，有益于自己。

生活中，我们不可能什么都想得到，因此我们应该学会坦然地面对得失。人生虽短，为了不虚度光阴，使生命尽可能地卓越，我们的确应该追求得到，努力用智慧和汗水创造业绩。但是，我们也应该正确看待失去，学会忍受失去。

淡定的心灵智慧

人生不会一直在失去，也不会一直在得到，有失必有得是一种规律，我们应坦然地去面对生活中的得失。在失去面前我们要坦然，在得到面前同样也需要坦然。

坦然，攀越人性的高峰

有些人经常告诉自己，活着是一件很美好的事情。还有些人常想，应该感激生命，唯一有幸成为生命的载体，我们才能感受到人世间的一切，才能感受到温暖与快乐，才能体会到智慧的力量，才能感受到人格的尊严，才能尽情地抒写生命的赞歌！

其实，人生就如一曲旋律，充满抑扬顿挫与悲欢离合，关键在于我们怎样去把握生活，多一份乐观，少一份忧愁，这与退一步海阔天空的道理一样。我们应该享受平淡带给我们的温馨，享受清心寡欲带给我们意想不到的成功和喜悦。我们坦然地面对生活，在坦然中求得一分欢乐。

在找了许多种理由之后，我们得以发现：生活在我们的视野下，盛满着这么两个字：坦然。

我坦然，所以我心美丽。

我心美丽，所以我的人生也跟着美丽。

坦然便是一种失意后的乐观。

一支登山队在攀登一座陡峭的雪山。这是一座分外险峻的山峰，稍有不慎，他们就会从上面跌落下去，将会粉身碎骨。

他们在努力攀登。突然，队长一脚踩空，向下坠落了。

当时，他想发出一声临死前的悲呼，可是，他知道，只要他一出声，肯定就会有人受到惊吓，攀爬不稳，再掉下去！所以他死死地咬紧牙关，强忍着不发出一点声音来。就这样他无声无息地掉进了万丈深渊里。

只有一个队员亲眼目睹了这一惨烈的场面。原本他是可以发出一声惊叫的，但是多年的经验让他明白，惊叫一声不仅不能救回队长，而且会惊吓到其他队员，将会给全队带来更大的灾难。他像没事的人一样继续向上攀登，每登一步，眼泪都会掉下来，打在雪上。

登顶后大家才发觉队长已经不在了，最后目睹者把事情的真相说了出来。大家沉默无言。

这是世界上最优秀的一支登山队，因为它的队员能够坦然面对自己的死亡，也能坦然面对朋友的死亡。他们不仅登上了自然的高峰，也登上了人性的高峰。

淡定的心灵智慧

淡定坦然，是一种淡对世事风雨的大气度，是一种接纳生活苦难的大胸怀。在人生任何境遇始终能够保持淡定坦然的人，可以跨越任何一座生命高峰。

淡定乐观，失意不失志

人生的航船，并非始终一帆风顺，有风平浪静，也有大浪滔天。风平浪静时，不喜形于色，风吹浪打时，不悲观失望，我自岿然不动。只有这样，人生的大船，才能顺利地驶向成功的彼岸。

情场失意、朋友失和、亲人反目、工作不得志……类似的事情总会不经意纠缠你，此时你的情绪可能已经跌至低谷。其实，生活中的低谷就像是行走在马路上遇到的红灯一样，不妨把它看作是为了维持我们人生的某种秩序，不妨利用这段时间来做个短暂的休息，放松绷紧的神经，为绿灯时更好地行走打下基础。或没有这样的红绿灯，或许某个时候，人生的道路会突然堵车，给你一个措手不及，让你无所适从。

古人说“人生得意须尽欢”，而人生失意时也不能停下脚步，也应该积极进取。条条大路通罗马，此路不通，不妨换条路试试，不妨来个情场失意工作补。处在人生的低谷，悲观、痛苦、怨天尤人都没有用，只会让自己越陷越深。越是逆境，我们越应该保持清醒的头脑和理智，全面认识自己的优点和不足。不妨利用这个机会反省一下，重新认识自己。看到自己的优点，可以抚慰自己那颗受伤的心，让心情归于平静，重新鼓起勇气，走出低谷；发现自己的弱点与缺点，是一种进步，是一种智慧，是一种超越。

历史上许多伟人，许多有成就者，都有过失意的时候，但他们都能失意不失志，都能做到胜不骄，败不馁。蒲松龄一生梦想为官，可最终也没能如意，但他是幸运的，因为他能及时反省，能及时掉转人生的航向。俗话说："朝闻道，夕死可矣。"如果他不能及时醒悟，便不会有后世流芳的《聊斋志异》问世，他的大名也不会永载史册。美国最伟大的总统林肯曾有两次经商失败，两次竞选议员失利的经历。但他最终还是得到了成功女神的垂青，成为美国历史上与华盛顿齐名的伟人。试想，如果他在经商失意时不能及时醒悟，不能及时易辙，那他可能连成功的门都摸不着。

失意时最忌情绪低落，最忌破罐子破摔。一定要想着做点什么帮助自己渡过难关。失意时可以先大哭一场，把失败的苦痛彻底尽快释放出来。痛哭之后必轻松，哭过以后，一定要及时反思，思考自己错在何处，如果还有挽救的余地，那不可轻言放弃，如果实在是无药可救，自己在这一方面没有什么优势和天赋，那就到了下一步：痛下决心，改弦更张，重新绘制人生的宏伟蓝图。

淡定的心灵智慧

失意并不可怕，只要内心淡定，始终以乐观的心态面对，你就会由此踏上另外一条通往成功的大道。

人生失意时不妨对月长歌

人生如浩瀚神秘的大海，时而风平浪静，一碧万顷；时而狂飙怒号，浊浪裂岸。

人生如变幻莫测的天空，瞬息阳光挥洒，白云悠扬，彩虹飞架；瞬息乌云密布，电闪雷鸣，风狂雨暴。

人生如一支优美动听的乐曲，一段高昂激荡，震天动地，促人警醒；一段浑厚低沉，婉转回肠，催人泪下。

人生如四季，春天鸟语花香，生机勃勃；夏天水清叶绿，骄阳似火；秋天金黄灿烂，馨香浓郁；冬天银装素裹，深沉睿智。

生命的航船难免遇到险滩恶浪，如何驾驶生命的小舟，让它迎风破浪，驶向成功的彼岸？这需要我们始终保持淡定的心境，不管风吹浪打，胜似闲庭信步，以一种淡定心去面对挫折，自信天生我材必有用，相信我们会从山穷水尽疑无路峰回路转至柳暗花明又一村的境地，迎接我们的必将是山巅的无限风光。

人生难免有起伏，没有经历过失败的人生不是完整的人生。没有河床的冲刷，便没有钻石的璀璨；没有地壳的底蕴，便没有金子的辉煌；没有挫折的考验，也便没有不屈的人格。正因为有挫折，才有勇士与懦夫之分，愿我们都能做不屈的斗士。记住“天将降大任于斯人也，必先苦其心志，劳其筋骨，饿其体肤，空乏其身，行拂乱其所为，所以动心忍性，增益其所不能”。这便是磨难、逆境塑造人！

人生有喜有悲、有聚有散、有乐有苦、有得有失、有沉有浮、有爱有恨、有生有死。最重要的是，得意时，不可欣喜若狂，目空一切；人生失意时，切忌长吁短叹，自暴自弃。得意时，要珍惜生活，清醒头脑，不管别人阿谀奉承还是献媚恭维；失意时，要热爱生活，振作精神，不管别人指手画脚还是热讽冷嘲。

淡定的心灵智慧

也许一个梦难圆，一个理想未能实现。来一次开怀畅饮，对月长歌又何妨?

苦辣酸甜付诸谈笑间

有个年轻人觉得自己的人生太悲惨太沉重，他终于忍受不住了，跑到一座山顶上，准备跳下去一了百了。

一位守山老人听到了年轻人的哭诉，走过来对他说："你说你的人生太悲惨，说来听听，看看我们两个到底谁更悲惨。"

年轻人说："我从小没有母亲，父亲从不管我。我没有考上大学，读了一个中专，到现在还没有找到工作。女朋友和我分手了，说我没有钱。现在我无依无靠，租的房子也到期了……你说我这样还不够悲惨吗？"

老人听了哈哈大笑起来："年轻人，你的人生多么幸福啊！"

年轻人很恼怒老人在这个时候还有心情开玩笑。

老人接着说："你从小没有母亲，我连自己的父母是谁都不知道。你没有考上大学，我幼儿园都没有读。你和女朋友分手了，我的生命快要结束了，可我始终独身一人。你还有钱租房子，我只能住在山洞里……你说，我们两个到底谁更悲惨？"年轻人很惊讶地说："想不到还有比我更悲惨的人，如果我是你那样还不如死了算了。"老人又笑了："如果大家都像你这样想，人类早就死光了！"

年轻人不解地问：“你的遭遇如此悲惨，为什么还那么开心呢？”

“因为还有比我更悲惨的人。因为我还活着。”

年轻人听了老人最后一句话，终于打消了轻生的念头。

老人说得对，还有比我们更悲惨的人，我们并不孤独；因为我们还活着，所以我们应该庆幸，比起那些生命过早消失的人们，我们不知有多幸运。每个人都有一本难念的经，我们看到的只是别人的精彩，精彩背后的泪水我们永远看不到，即使那些光芒四射的人也不过如此。

英国作家威廉在成名之前，曾经窘迫得连一双袜子都买不起。他的妻子终于不堪忍受寂寞和凄苦离开了他，带走了他唯一的精神支柱。有一段时间，他几乎快要绝望了。投出去的三部小说已经快半年了，仍然没有消息。没有钱买食物了，他只好去山上采摘野果充饥。

这天，散步回来的威廉收到一封出版社的来信，说真的，威廉高兴了一阵，他还以为是出版社要出版他的小说了呢。结果拆开一看，既不是出版通知，也不是退稿信，而是一封道歉信。信上说，出版社不小心把他的小说原稿弄丢了，特此致歉。威廉看到这几乎要疯了，因为他根本没有留底稿，为了尽快出版，他一写完就把原稿寄出去了。那一刻，他瘫软在地，觉得整个世界都完了。命运对他太残酷了。

后来朋友劝他放弃写作，并为他找了一份工作。威廉微笑着拒绝了，他借了朋友一笔钱，又开始了艰苦的创作。终于有一天，曾经道歉的那个出版社来信告诉他，他的小说找到了，并愿意以50000美金的价格买下它的版权，还承诺，以后威廉的任何一部作品他们都愿意出版。

威廉因此红遍了英国，可谁知道曾经的威廉是那么的穷困潦倒呢。

是的，人生充满了变数，我们永远无法知道明天会发生什么。那么面对人生的各种遭遇，我们应该以怎样的一种态度来对待它呢？消极地逃避还是勇敢地面对？或许每个人心中都有自己的选择，别人的生活方式我们无法干预，但是我们应该清楚，如果你想成功，你想有那么一天你的付出能得到回报，那么你就应该笑对人生所遭遇的一切，大喜大悲，大起大落，苦辣酸甜，一切付诸谈笑间。不是我们不在乎，而是以笑来告别不幸，以笑来迎接希望。

试着每天对别人微笑，也对自己微笑，终有一天，全世界都会向你微笑。

淡定的心灵智慧

就算你很失意，身遭不幸，你也不要忘记微笑，因为在微笑面前，任何困境和不幸都可以被锤炼成通向平安幸福的阶梯。

淡定走过风雨人生路

在美国，有一位穷困潦倒的年轻人，即使在身上全部的钱加起来都不够买一件像样的西服的时候，仍全心全意地坚持着自己心中的梦想，他想做演员，拍电影，当明星。

当时，好莱坞共有 500 家电影公司，他逐一数过，并且不止一遍。后来，他又根据自己认真拟定的路线与排列好的名单顺序，带着自己写好的量身定做的剧本前去拜访。但一遍下来，所有的 500 家电影公司却没有一家愿意聘用他。

面对百分之百的拒绝，这位年轻人没有灰心，从最后一家被拒绝的电影公司出来之后，他又从第一家开始，继续他的第二轮拜访与自我推荐。

在第二轮的拜访中，500 家电影公司依然全部拒绝了他。

第三轮的拜访结果仍与第二轮相同。这位年轻人又开始他的第四轮拜访，当拜访完第 349 家后，第 350 家电影公司的老板破天荒地答应愿意让他留下剧本先看一看。

几天后，年轻人获得通知，请他前去详细商谈。

就在这次商谈中，这家公司决定投资开拍这部电影，并请这位年轻人担任自己所写剧本中的男主角。

这部电影名叫《洛奇》。

这位年轻人的名字叫席维斯·史泰龙。现在翻开电影史，这部叫《洛奇》的电影与这个日后红遍全世界的年轻人皆榜上有名。

很多时候，我们自认为“不走运”，于是伴随我们的可能是消极抑郁、悲观绝望情绪。“假如生活欺骗了你”，事情的结局太出乎我们预料，对自己打击太大，不妨反复吟诵“牢骚太盛防肠断，风物长宜放眼量”的佳句，笃信“乐极生悲”“苦尽甘来”的哲理，不要忧愁、不要悲伤、不要心急，更不要凄凄惨惨戚戚。

应该知道，世界上有许多事情，是没法尽如我们心意的。同时，我们个人的力量，也是有一定限度的，不要把这些不尽如人意的事情变成我们的困扰，学会把它们当成人生道路上必须要跨越的沟沟坎坎。

在这个世界上，有阳光，就必定有乌云；有晴天，就必定有风雨。从乌云中解脱出来的阳光比从前更加灿烂，经历过风雨的天空才能绽放出美丽的彩虹。人们都希望自己的生活中能够多一些快乐，少一些痛苦，多些顺利，少些挫折。可是命运却似乎总爱捉弄人、折磨人，总是给人以更多的失落、痛苦和挫折。此时，我们要知道，困境和挫折也不一定会是坏事。它可以使我们的思想更清醒，更深刻，更成熟，更完美。

淡定的心灵智慧

面对一些坎途不要退缩，不要气馁，一次两次走不过去也不要紧，只要始终保持淡定的心境，坦然以对，并积极改变，迟早有一天你会跨过坎坷。

淡定人生，感恩苦难

苦难是成功途中的考验，懦弱的人必然在苦难之下被淘汰，只有胸怀淡定、意志坚强的人才会走自己的路。

有的人受到了打击后，得到的是更大的打击；有的人受到了打击后，得到的是预防打击的智慧。人不能在同一块石头上绊倒两次。一个人要是学会了当场从苦难中开发智慧的技术，那么，这个人必将双倍地成长，必将出人头地。失败者总从鄙视中开采出了仇恨；失败者总从打击中开采出了报复。这就是区别，这就是优秀人士与平庸者区别。

顺境造成幸运儿，而逆境造就伟人。成功证明了一个人的幸运，挫折能证明一个人的伟大。逆境也许不能使人变得富有，但可以使人变得聪明。上天给人一份困难时，同时也添人一份智力。

出类拔萃的人，都是通过痛苦而得到快乐。苦难对于天才是一块垫脚石；苦难对于能干的人是一笔财富；苦难对弱者是万丈深渊。

苦难不可避免，我们要学会接纳苦难。苦难催人成熟，我们要学会感恩苦难。感激困难，因为是它让我们开动了大脑；感激冷漠，因为是它让我知道热情的重要。别人给我带来冬天，我应该做的就是还人一个春天。

感恩生命中的苦难，你会发现，大地的气候越来越暖，我们的心却越来年轻，身边的朋友越来越多，工作越来越顺利，生活越来越美好，幸福也越来越多。

从今天开始，学会感恩，感谢生命中的每一个有缘人，感谢人生中经历的每一件事。

当别人给我冷时，我要回之以热；当别人给我苦时，我要回之以甜；当别人给我硬时，我要回之以软；当别人给我假时，我要回之以真；当别人给我恶时，我要回之以善；当别人给我丑时，我要回之以美；当别人给我消极时，我要回之以主动；当别人给我丢脸时，我要回之以尊严；在任何不利的地方，开采出阳光；在一切苦难中，发现闪光点！

感谢伤害过我的人，因为他磨炼了我的心志；

感谢绊倒我的人，因为他强化了我的双腿；

感谢欺骗我的人，因为他增进了我的敏感度；

感谢蔑视我的人，因为他唤起了我的斗志；

感谢抛弃我的人，因为他教会了我独立；

感谢中伤我的人，因为他砥砺了我的人格；

感谢斥责我的人，因为他提醒了我的缺点；

感谢丑陋，因为它让我懂得了什么是美；

感谢自卑，因为它让我懂得了什么是自强；

感谢懒惰，因为它让我懂得了勤劳；

感谢失败，因为它让我懂得了站起；

感谢打击，因为它让我懂得了应战；
感谢仇恨，因为它让我懂得了宽容；
感谢误会，因为它让我懂得了沟通；
感谢偏执，因为它让我懂得了理解；
感谢混乱，因为它让我懂得了计划；
感谢瞎撞，因为它让我懂得了目标；
感谢自私，因为它让我懂得了付出！

淡定的心灵智慧

对生命中的一切苦难感恩，是它们警醒了我们自知、自明和自治，让我们拥有淡定、淡泊、淡然，让我们走向成熟、豁达、强大。

第 7 章

坚守真性情，活出真自我

我们面对的世界太复杂了，我们的生活又是如此被周遭的潮流牵着走。我们很容易在乎他人的眼光，在乎世俗的偏见，在乎周遭的声音，在众声喧哗、炫丽繁华中丧失了自己，迷失了方向，随波逐流。

生活就是一片汪洋大海，每个人都是一片叶子，你可以选择自己怎么做。面对这个世界，要淡定自持，追随自己的本性，坚守自己的本色，有自己的主见、自己的看法、自己的定位，活出自我的风采！

淡定的人生不迷茫

我是谁？我从哪里来？又要到哪里去？我们常常这样问自己，然而又总是难以找到自己满意的结果。

人常常迷失在自我当中，很容易受到周围信息的暗示，并把他人的言行作为自己行动的参照，从众心理便是典型的证明。比如，在公共汽车上，你会发现这样一种现象：一个人张大嘴打了个哈欠，他周围会有几个人也忍不住打起了哈欠。有些人不打哈欠是因为他们受暗示性不强。哪些人受暗示性强呢？可以通过一个简单的测试检查出来。

让一个人水平伸出双手，掌心朝上，闭上双眼。告诉他现在他的左手上系了一个氢气球，并且不断向上飘；他的右手上绑了一块大石头，向下坠。三分钟以后，看他双手之间的差距，距离越大，则受暗示性越强。认识自己，心理学上叫自我知觉，是个人了解自己的过程。在这个过程中，人更容易受到来自外界信息的暗示，从而出现自我知觉的偏差。

在日常生活中，人既不可能每时每刻都反省自己，也不可能总把自己放在局外人的位置来观察自己。正因为如此，个人便借助外界信息来认识自己。个人在认识自我时很容易受外界信息的暗示，从而常常不能正确地知觉自己。

曾经有心理学家用一段笼统的、几乎适用于任何人的话让大学生判断是否适合自己，结果，绝大多数大学生认为这段话将自己刻画得细致入微、准确至极。下面一段话是心理学家使用的材料，你觉得是否也适合你呢？

你很在意别的意见和眼光。你很需要别人喜欢并尊重你，你有自我批判的倾向，你有许多可以成为你优势的能力没有发挥出来，同时你也有一些缺点。你与异性交往有些困难，尽管外表上显得很从容，其实你内心焦虑不安。你有时怀疑自己所做的决定或所做的事是否正确。你认为在别人面前过于坦率地表露自己是不明智的。你有时外向、亲切、好交际，而有时则内向、谨慎、沉默。你的有些抱负往往很不现实。你有随波逐流的倾向。

你也有从众心理吗？你是否在众人的评价和世俗的观念中迷失了自己？淡定的人生不迷茫，别人的评价不重要，世俗的观念也不重要，重要是做你自己，坚持自己，追随内心的梦想，活出最真实的你自己。

淡定的心灵智慧

无论世界如何变化，无论世俗有怎样的偏见，你一定要有自己的人生目标，要有自己的思想主见，唯有如此，你才能看清自己人生的使命，找到自己的心灵家园。

淡定地走自己的路

贝多芬学拉小提琴时，技术并不高明，他宁可拉他自己作的曲子，也不肯做技巧上的改善，他的老师说他绝不是个当作曲家的料。

歌剧演员卡罗素美妙的歌声享誉全球。但当初他的父母希望他能当工程师；而他的老师则说他那副嗓子是不能唱歌的。

发表《进化论》的达尔文当年决定放弃行医时，遭到父亲的斥责:“你放着正经事不干，整天只管打猎、捉狗捉耗子的。”另外，达尔文在自传上透露：“小时候，所有的老师和长辈都认为我资质平庸，我与聪明是沾不上边的。”

沃特·迪斯尼当年被报社主编以缺乏创意的理由开除，建立迪斯尼乐园前也曾破产好几次。

爱因斯坦四岁才会说话，七岁才会认字。老师给他的评语是：“反应迟钝，不合群，满脑袋不切实际的幻想。”他曾遭到退学的命运。

法国化学家巴斯德在读大学时表现并不突出，他的化学成绩在 22 人中排第 15 名。

牛顿在小学的成绩一团糟，曾被老师和同学称为“呆子”。

罗丹的父亲曾怨叹自己有个白痴儿子，在众人眼中，他曾是个前途无“亮”的学生，艺术学院考了三次还考不进去。他的叔叔曾绝望地说：孺子不可教也。

《战争与和平》的作者托尔斯泰读大学时因成绩太差而被劝退学。老师认为他：“既没读书的头脑，又缺乏学习的兴趣。”

如果这些人不是“走自己的路”，而是被别人的评论所左右，怎么能取得举世瞩目的成绩？

人生的成功自然包含功成名就的意思，但是，这并不意味着你只有做出了举世无双的事业，才算得上成功。世界上永远没有绝对的第一。

看过马拉多纳踢球的人，还想一身臭汗地在足球队里混吗？听过帕瓦罗蒂的歌声的人，还想修炼美声唱法吗？——其实，如果总是担心自己比不上别人，只想功成名就，那么世界上也就没有曹雪芹、帕瓦罗蒂、马拉多纳这类人了。

俄国作家契诃夫说得好：“有大狗，也有小狗。小狗不该因为大狗的存在而心慌意乱。所有的狗都应当叫，就让它们各自用自己的声音叫好了。”

小狗也要大声叫！实际上，追求一种充实有益的生活，其本质并不是竞争性的，并不是把夺取第一看得高于一切，它只是个人对自我发展、自我完善和美好幸福生活的追求。那些每天一早来到公园练武打拳、练健美操、跳迪斯科的人，那些只要有空就练习书法绘画、设计剪裁服装和唱戏奏乐的人，根本不在意别人对他们的姿态和成果品头论足，也不会因没人叫好或有人挑剔就停止练习、情绪消沉。他们的主要目的不在于当众展示、参赛获奖，而是自得其乐、自有收益。满足自己对生活美和艺术美的渴求。

淡定的心灵智慧

这个世界上最难做的不是别人恰恰是自己，淡定看待别人的评论，坚持走自己的路，才能取得真正意义上的成功。

保持头脑和心智的淡定

那些不能累积起财富的人大多有个通病，就是没有自己的头脑，耳根子软，容易受人左右。他们任由报纸杂志和街谈巷议来替自己思考。舆论是世界上最不值钱的商品。每个人都有一箩筐的看法，随时准备加诸接受的人身上。

如果你思考的时候受人左右，做哪一行都不会出人头地，要化渴望为金钱，尤为不易。

曾有一个女孩，她喜欢穿大喇叭裤，头顶阿福蓬蓬头，脸上涂满五颜六色的彩妆，为此，常遭到各式人士的批评。

有一天晚上，她跟一位邻居友人约好去看电影。当她以一身嬉皮士的打扮出现在朋友面前时，她朋友说：“你应该换一套衣服。你扮成这个样子，我才不要跟你出门。”她怔住了说：“要换你换。”于是她朋友走了。

这一幕正好被她母亲看到了，她母亲对她说：“你可以去换一套衣服，跟其他人一样。但你如果不想这么做，而坚强到可以承受外界嘲笑，那就坚持你的想法。但是，你必须知道，你会因此引来批评，因为与大众不同本来就不容易。”

这一席话使她受到极大震撼。她非常感激她的母亲，并一直坚持着自己的原则，活出了一个真实、与众不同的自己。

人生短暂，做人不易，所以不要浪费时间活在别人的眼光里，也不要被信条所惑——盲从信条就是活在别人的思考结果里。不要让别人的意见淹没了自己内在的心声。

最重要的是，要有跟随内心与直觉的勇气，因为你的内心与直觉知道你最想成为什么样的人。任何其他的判断与之相比都是次要的。

几十年前，一位住在犹他州首府盐湖城的年轻人做了一件反常的事，令认识他的人大跌眼镜。在这之前，他因为工作勤勉努力，生活节俭有规律而被所有朋友称道。他做了什么呢？原来他从银行中取出他的全部积蓄买了一部新车，这还不是最“愚蠢”的，当他把新车开回家后，就在车库里动手拆卸汽车，车库里摆满了零零散散的汽车零件。他仔细检查了每个零件，然后又把汽车装好，这个行为重复了许多遍，人们对此感到大惑不解，嘲笑他是不是“疯了”。

几年后，那些嘲笑过这位年轻人的人们不得不承认他们错了，而这位年轻人具有异乎常人的远见卓识——他开始制造汽车了。他的产品领导了整个汽车工业，他还在汽车这个领域做了许多有价值的改进和革新，他成功了。这个当年反复拆装汽车的年轻人名叫沃尔特·珀西·克莱斯勒。

几乎每一个成功的故事都源于一个伟大的想法，而故事的主人公无一例外地会遇到怀疑和困境。而他们的过人之处就在于能够使这些杂音在头脑中沉寂下来，让自己静静地倾听真正的声音。

他们的“疯狂”并非真的盲目，其中蕴含着目的，蕴含着方法。正因为如此，他们对自己的行为抱有积极的态度。

淡定的心灵智慧

你有自己的头脑和心智，好好运用，自己作决定。对于想要登上成功峰巅的你来说，千万别让自己成为别人思想的奴隶，不能让自己的头脑成为别人思想的跑马场。

不做随波逐流的浮萍

一个人如果不能保持内心的淡定，盲目从众，总是跟在别人后面跑，永远跑不到前面。这样的人，终其一生都只会默默无闻。

看看那随波浮沉的浮萍，你就会知道它的结局，它们默默无闻地来，又默默无闻地去，随波逐流，最后消失在茫茫大海里。

生活就是一片汪洋大海，每个人都是一片叶子，你可以选择自己怎么做。

有一个笑话十分有趣，说的是一位石油大亨到天堂去参加会议。

他兴冲冲跑进会议室，却发现会场座无虚席，早已没有了自己的座位。于是，他灵机一动，喊了一句“伙计们，听说了吗？刚才他们在地狱里发现了石油！”

此话一出，天堂里的石油大亨们生怕落后一步就被别人夺走了利润，于是纷纷向地狱跑去。人们蜂拥而出，顿时天堂里就空了下来，石油大亨刚想找个椅子坐下来歇歇，忽然听到外面的人在议论地狱里的石油多么丰富、开采成本多么小等等，这位大亨心里纳闷，莫非地狱里真的发现石油了？于是他也急匆匆地向地狱跑去，天堂里又空无一人了。

故事很有意思。即便明明知道消息是假的，可还是忍不住跟随众人。别人怎么干，我就怎么干。别人怎么生活，我就怎么生活，我不会比别人强，但也不比别人差。就是这样的心理，让许多人总是跟在别人的后面跑。

某个行业吃香了，于是大家一窝蜂地想挤进去；看到别人种的西红柿都卖了好价钱，于是拔掉自己种的黄瓜改种西红柿……这样的事情屡见不鲜。

你是这个世界上独一无二的人。不论好与坏，你都得自己创造一个自己的花园；不论是好是坏，你都得在生命的交响乐中，演奏你自己的乐器；不论是好是坏，你都得在生命的沙漠上数清自己已走过的脚印。为什么一定要为别人的生命伴奏呢？

随波逐流的后果是什么？是不是人多的地方就一定安全呢？

一个人坐上一条小船，有人将船推入河中吩咐他划向对岸，船中有把桨。

可事与愿违，小船被水流冲着，无法接近目标。只见河面上有不少船也在漂荡，有人挣扎着，有人干脆放下桨。这个人的船随着大家一起漂流，四面八方都有欢呼声，他以为方向还是很正确的。

突然，他听到如雷的水声，发现前面是险滩，许多破船就在下面，他意识到自己也要船毁人亡，这时才清醒过来，想起那两把桨，想起应去的彼岸，于是奋力划船，逆流而上。

淡定的心灵智慧

保持淡定的胸怀，保持自我的本色，用自我创造性去赢得一个新天地，才会让你的生命更有意义。

追随潮流，不如引领潮流

卡耐基曾问索凡石油公司的人事部主任肯鲍·迈克，来求职的人常犯的最大错误是什么。麦克应该知道，因为他曾经和六万多个求职的人交谈过，还写过一本名为《谋职的六种方法》的书，他回答道："来求职的人所犯的最大错误就是不保持本色。他们不以真面目示人，不能完全地坦诚，却给你一些他以为你想要的回答。可是这个做法一点用都没有，因为没有人要伪君子，也从来没有人愿意收假钞票。"

求职时，你有没有过这样的时候？还觉得自己给出了一个完美的答案，因为别人都会这么回答，这么回答准没错。其实这样，你的答案只会淹没在众多答案之中，毫不起眼。你需要做的是展现出你的个性，你的特点，不要去管别人。他们是他们，你是你。

当年高查尔斯想兴修巴拿马运河，一时间人们对这个壮举议论纷纷，毁誉不一，有人夸奖他勇敢坚毅，有人骂他异想天开，但是他对于这些毁誉一概置之不理，只管埋头苦干，有人问他对于那些批评有何感想时，他回答得十分恰当，他说："目前还是做我的工作要紧，至于那些批评，日后运河自会答复！"

运河果然如期筑成了，一时又是人声鼎沸，但现在却是众口一词地争相夸奖他了。他自己如何呢？他会站在第一艘试新船上，在群众的欢呼声中，通过自己亲手完成的水闸吗？他没有那样做。

一位前来参观揭幕典礼的英国外交官事后写信给朋友说：“高查尔斯并没有乘坐第一艘试新船，他只在克里司特北面看着船开过。后来，我们又在加东湖和米得尔看见他穿着衬衫站在水闸上，观察开关水闸的机器船过来时，约翰·贝勒特原想对他高呼万岁，但不等他喊到第二声，他已经走开了。”

人总是容易有从众心理，习惯追随潮流，最终在别人的声音和巨人的潮流中迷失了自己。与其追随潮流被抛在后面，何不引领潮流？ 坚定不移地走自己的路，不去管身边那些喧闹的声音。他可以做到，你也可以。

淡定的心灵智慧

一个人如果能做到内心淡定，不再随波逐流，勇敢坚定地从事自己认为有前景的事业，成功就不再遥远。

坚持自己的主见不动摇

我们面对的世界太复杂了，我们的生活又是如此被周遭的文化牵着走。

放眼观望四周，人人被社会和文化裹胁着忙这忙那。我们去追名求利，我们去赶风潮逐浪头，追明星赶消费求时髦，没完没了，以为这就是我们的生活，这就是我们的世界，孰不知这是在茫茫人潮茫茫社会中迷失了自我。我们求来求去仿佛总是竹篮打水一场空——因为人之物质欲望是一个永无满足可能的变量，而以我们每个人之能力而言，我们的所获总是有限的一个定量，以有限追无限，岂不殆矣！

许多人都觉得自己的生活实在是太空虚了，生命一片空白，活着犹如行尸走肉，过去留不下什么，现在也没什么意思，未来似乎也看不出会有什么改变。这主要是因为你没有找到自我在这个世界上的位置，寻觅到自我生活上的意义与价值。人生中的事件如清水一般流过，不知其中的意义也就无法在我们的心田里划下哪怕是轻轻的一丝痕迹，于是，生活过着却像没过似的，故而我们的心灵一片空白。改变的方式和办法很多，最最重要的还是你要活得像个你，你要成为自己生活的主人，确定意义并想办法获得它们，这就是你的人生中最需要做的事。

生活中有许多人也许觉得自己的人生很是充实，有做不完的事，求不完的人，赚不完的钱，买卖不完的东西，成天忙这忙那，似乎连喘息的机会都没有。这难道不就是生活的盈满吗？孰不知这比前一种空虚更糟。因为我们花了太多的时间去关注那些实质上与我们的生活意义毫不相干之事，去费尽了心血理会它们，去为这些事情伤透了脑筋；而且我们因此还要花更多的精力去做那些没有价值的事。终有一天，当你明白，自己并不能改变单位、改变你的伴侣，更别说是世界，甚至是一个国家的领袖也无法改变国家，而只有尽力，向着理想的方向，尽力地去走，为自己、为家人，不求人赞赏，但求问心无愧，这就足够。

淡定地看待世俗的偏见，善待我们的生命，充实我们的人生，认清我们在这个世界上的正确位置，寻找到我们生活中的独特价值。求己之愿求，追己之愿追，活得像个我而不是他，不去理会那些不相干的事，不去做追风潮赶浪头之事。这样，当你回头望望时，你将庆幸自己一直在坚持着走自己的路。

淡定的心灵智慧

面对纷扰的世界，面对繁杂的生活，我们一定要保持内心的淡定，要有自己的主见、自己的看法、自己的定位，不要被外在的、他人的或社会流行的好恶牵着走、推着走、拉着走。

追随你的心灵，随风飞翔

剑桥郡的世界第一名女性打击乐独奏家伊芙琳·格兰妮说：“从一开始我就决定：一定不要让其他人的观点阻挡我成为一名音乐家的热情。”

她成长在苏格兰东北部的一个农场，从八岁时她就开始学习钢琴。随着年龄的增长，她对音乐的热情与日俱增。但不幸的是，她的听力却在渐渐下降，医生们断定是由于难以康复的神经损伤造成的，而且断定到十二岁，她将彻底耳聋。可是，她对音乐的热爱却从未停止过。

她的目标是成为打击乐独奏家，虽然当时并没有这么一类音乐家。为了演奏，她学会了用不同的方法“聆听”其他人演奏的音乐。她只穿着长袜演奏，这样她就能通过她的身体和想象感觉到每个音符的震动，她几乎用她所有的感官来感受着她的整个声音世界。

她决心成为一名音乐家，于是她向伦敦著名的皇家音乐学院提出了申请。因为以前从来没有一个聋学生提出过申请，所以一些老师反对接收她入学。但是她的演奏征服了所有的老师，她顺利地入了学，并在毕业时荣获了学院的最高荣誉奖。

从那以后，她就致力于成为第一位专职的打击乐独奏家，并且为打击乐独奏谱写了很多乐章，因为那时几乎没有专为打击乐而谱写的乐谱。

至今，她作为独奏家已经有十几年的时间了，因为她很早就下了决心，不会仅仅由于医生诊断她完全变聋而放弃追求，因为医生的诊断并不意味着她的热情和信心不会有结果。

罗斯福总统的夫人曾向她的姨妈请教对待别人不公正的批评有什么秘诀。她姨妈说：“不要管别人怎么说，只要你自己心里知道你是对的就行了。”避免所有批评的唯一方法就是只管做你心里认为对的事——因为你反正是会受到批评的。

淡定的心灵智慧

活着不要被他人的论断束缚了自己前进的步伐。只要你自己心里认为是对的，就去坚持，去努力追随你的热情，追随你的心灵，它们将带你到你想要去的地方。

做独一无二的“我”

从呱呱坠地开始，父母就非常非常希望我们能成才，成为令父母自豪、社会骄傲的栋梁之材。这也是每一个人自己的愿望。伴随着这个美好的心愿长大，当我们学会了审视自己的时候，我们首先发现的或许并不是自己的才能，而是自己的平凡、普通，甚至还有缺点、缺陷。

我这样一个平凡的人，能成才吗？我行吗？我们或许这样问自己。我能行，我一定行的。只要我们能坚持做独一无二的“我”。

蜚声世界影坛的意大利著名电影明星索菲亚·罗兰能够成为令世人瞩目的超级影星，是和她的坚持自我本色分不开的。

在《卡桑德拉大桥》《昨天、今天和明天》等影片中，索菲亚·罗兰以其独特的魅力给观众留下深刻鲜明的印象。她的长鼻子、大眼睛、大嘴、丰满的胸部和臀部都使她多了一分不可抗拒的美。可是，你知道吗？在索菲亚.罗兰初试镜头的时候，差点儿因为她的长鼻子和丰腴的臀部而没能走上影坛。摄影师们都嫌她的鼻子太长、臀部太发达，建议她动手术缩短鼻子、削减臀部，可是索菲亚.罗兰坚决不同意。

小时候的索菲亚.罗兰发育很晚，长得干干巴巴的，胸部一点儿也没有隆起的意思，看着周围的女孩子们为自己的身材而得意的神态，她自卑极了。可是又有什么办法呢？罗兰是个私生女，母亲带着她艰难地度日，再加上当时正赶上第二次世界大战，能吃饱就不错了，哪里还顾得上营养呢？带着自卑的情绪，罗兰长到了十五岁。这时候，她已经用不着再为自己的干瘪而忧心忡忡了，因为她已经长成大姑娘了，而且胸部丰满，臀部发达。

为了生存，加上对电影的热爱，罗兰来到了罗马，想在这里涉足电影界。没想到，对未来怀着希望和憧憬的她，却连连碰壁。

第一次试镜头，罗兰就失败了，所有的摄影师都说她够不上美人标准，都抱怨她的鼻子和臀部。没办法，导演卡洛·庞蒂只好把她叫到办公室，建议她把臀部削减一点儿，把鼻子缩短一点儿。索菲亚·罗兰在她的自传中详细地记叙了当时的情景：

有一天，他（指导演卡洛）叫我上他的办公室去。我们刚刚进行了第三次或第四次试镜头，我记不清了。他以试探性的口吻对我说："我刚才同摄影师开了个会，他们说的结果全一样，噢，那是关于你的鼻子的。"

"我的鼻子怎么啦？"尽管我知道将发生什么事，但我还是问道。

"嗯，咳，如果你要在电影界做一番事业，你也许该考虑作一些变动。"

"你的意思是要动动我的鼻子？"

"对。还有，也许你得把臀部削减一点。你看，我只是提出所有摄影师们的意见。这鼻子不会有多大问题，只要缩短一点，摄影师就能够拍它了，你明白吗？”

我当然懂得因为我的外形跟已经成名的那些女演员颇有不同，她们都相貌出众，五官端正，而我却不是这样。我的脸毛病太多，但这些毛病加在一起反而会更有魅力呢。如果我的鼻子上有一个肿块，我会毫不犹豫地把它除掉。但是，说我的鼻子太长，不，那是毫无道理的，因为我知道，鼻子是脸的主要部分，它使脸具有特点。我喜欢我的鼻子和脸的本来的样子。“说实在的，”我对卡洛说，“我的脸确实与众不同，但是我为什么要长得跟别人一样呢？”

“我懂，”卡洛说，“我也希望保持你的本来面目，但是那些摄影师……”

“我要保持我的本色，我什么也不愿改变。”

“好吧，我们再看看。”卡洛说，他表示抱歉，不该提出这个问题。

“至于我的臀部。”我说。“无可否认，我的臀部确实有点过于发达，但那是我的一部分，是我所以成为我的一部分，那是我的特色。我愿意保持我的本来面目。”

正是这次谈话，使导演卡洛·庞蒂真正地认识了索菲亚·罗兰，了解了她并且欣赏她。后来，卡洛·庞蒂成了罗兰的丈夫。由于罗兰没有对摄影师们的话言听计从，没有对自己失去信心，所以她才得以在电影中充分展示她的与众不同的美。而且，她的独特外貌和热情、开朗、奔放的气质开始得到人们的承认。自1950年至1979年，她先后在75部影片中扮演角色，被人们称为“从贫民窟飞出来的天鹅”。1961年，她主演的《两妇人》获得巨大成功，她因此而荣获奥斯卡最佳女演员金像奖。

大自然既然造就了每一个人，就赋予了每个人独特的、不同于别人的容貌、身材、气质、聪慧。也正因如此，你才是独一无二的，世界上只有一个你。所以你要活出自我的风采，因为你永远都是别人无法替代的。

淡定的心灵智慧

你的命运始终是掌握在你自己的手中的，你很应该庆幸自己是世上独一无二的一个人，保持真我本色，将自己的潜能与才赋发挥出来。那么，成功必常伴你左右。

坚守本色，活出真我风采

爱迪斯·阿尔雷德是一个极为敏感羞怯且胖乎乎的女孩，她的母亲非常古板，认为她把衣服穿得太漂亮是一种愚蠢，而且衣服太合身容易撑破，不如做得宽大一点。正因为如此，阿尔雷德从不参加任何聚会，也没有什么值得开心的事。上学后，她从不参加同学们的任何活动，甚至连运动项目也不加入。原因是，她总觉得自己跟别人“不一样”，做任何事情心中总是拿不起，也放不下。

长大后，她嫁了一位比她大几岁的先生，但她还是没有任何改变。她丈夫的家是一个稳重而自信的家庭。她想要像他们那样，但就是做不到。她努力模仿他们，也总是不能如愿。她丈夫也几次尝试帮她突破自己，却总是适得其反，她越来越紧张易怒，害怕见到任何朋友，有时甚至一听到门铃声都会惊慌！她感觉她是彻底地失败了。她害怕丈夫有一天会发现真相，所以每次在公共场合，她都尽量显得开心，甚至装得过了头，她很痛苦，竟然想到自杀。但她最后没有自杀，而是很好地活了下来。

那么是什么事改变了这位几乎自杀的妇人呢？只是一句偶然的话。有一天，她的婆婆和她谈到她是如何教育子女的，婆婆说："不论遇到什么事，我都坚持让他们保持自我本色……""保持自我本色！"这几个字像一道灵光闪过阿尔雷德的脑际，她发现所有的不幸都起源于她把自己套入了一个不属于自己的模式中去了。

一夜之间她变了！她开始保持自我本色。她首先研究自己的个性，认清自己，并找出自己的优点。她开始学会怎样配色与选择衣服样式，以穿出自己的品位。她也开始主动结交朋友，并加入一个团体——虽然只是一个小团体。当他们请她主持某项活动时，她刚开始很害怕。但是每次上台，她都得到了更多的勇气。尽管这是一段相当漫长的过程———但现在她比过去快乐很多。

美国的安吉罗·派屈写过了十三本书，他还在报上发表了几千篇有关儿童训练的文章，他曾说过："一个人最糟的是不能成为自己，并且在身体与心灵中保持自我。"保持自我本色你才能够拿得起，放得下，你才能拥有最快乐最幸福的自己，不要因为别人的眼光而去轻易地束缚自己。

淡定的心灵智慧

每个人都有自己的特质，只是，很多人一辈子都没有发现属于自己的天籁。没有一个人应该糟到放弃自己，去模仿别人。

第8章

淡定的人生最幸福

幸福是什么？幸福就是一碗水，一碗装满宁静和闲适的清水。幸福就是一种满足，一种接近或实现理想后的心灵的满足和淡定。

平淡是生活的真实境界，一种经过锤炼与荡涤之后的高境界。在滚滚红尘中，怀一颗平和心，做一些平常事，简简单单生活，享受真真实实的幸福。

幸福只在一念间

有个老太太生了两个女儿。大女儿嫁给伞店老板，小女儿当了染坊店的主管。于是老太太整天忧心忡忡。逢上晴天，她怕大女儿伞店的雨伞卖不出去；逢上雨天，她又担心小女儿染出的布晾不干。老太太天天为女儿担忧，日子过得很忧郁，久而久之，愁出了一身的毛病。

后来一位聪明人告诉她："老太太，您真是好福气。下雨天，您大女儿的伞店会顾客盈门；而晴天您小女儿的布店又生意兴隆。不论哪一天您都应该高兴才是啊！"老太太一想，果真是这个道理。从此，老太太便整天笑容满面，再也不忧郁了。

事情本来就是这么简单，同样的天气，心态一转，忧愁就变成了幸福。其实，感到不幸，是因为心态不正确，是因为我们排斥幸福，而不是事情本身带有不幸。如果抱着抵触情绪，即使幸福悄然降临身边，也会毫无觉察，与之失之交臂。

林肯说过："大部分的人，在决心要变得更幸福时，就会有那种幸福的感觉。"幸福是一种感觉，幸福的根源是我们的头脑，而不是口袋里所藏的东西。所以说，幸福只在一念间。

幸福出现的频率并不像我们想象的那样少。幸福是时刻存在的，只要用心品味，会发现它离你并不远。当一个小孩得到他盼望已久的洋娃娃时，这是幸福；当一位学生学习成绩十分优秀常受到人们的赞扬时，这是幸福；当一位白领工作一帆风顺时，这是幸福；当一位已婚妇女有了爱她的丈夫和听话的孩子时，这也是幸福。幸福的方式太多了，不胜枚举。

不同的人有着不同的幸福。对于那些容易满足的人来说得到幸福时刻便多些。对于那些有大的期盼的人来说总觉得自己不够幸福或者幸福根本就没有降临到他（她）的身上。其实幸福是个很简单的东西，准确地把握瞬间来到你身边的暖流，这些就是幸福。幸福是蜜糖，最好甜淡适中，这样才能恰到好处。而且只有心中认为有幸福的存在才会使自己幸福。

淡定的心灵智慧

一念天堂，一念地狱。幸福只在一念间。只有内心淡定、心存快乐的人，才能时刻感受到幸福的存在，发现生活中的美好。

幸福的颜色很朴素

常听身边的人抱怨命运的不公，生活的平淡。幸福对我们来说，似乎是一种太奢侈的东西，如同海市蜃楼一般，可望而不可即。

一个欲离婚的女子厌烦了现有的琐屑生活，但她一直对其外祖母的幸福和谐生活充满好奇。有一天，她终于忍不住打开了外祖母的日记，原来里面记录着外公为她洗了多少衣服，吻过她多少次，洗过多少次脚……原来生活中的琐屑小事便是幸福的源泉。

幸福不是金钱的多少，更多的是一种感觉，一种你认为幸福你就幸福的感觉。早晨睁眼看到美丽的朝阳，鼻子嗅到清新的空气，那么你是幸福的；在公司里出色完成任务，受到老板表扬，赢得同事们的尊重，那么你是幸福的；下班回家，看到桌子上香甜可口的饭菜和孩子优秀的成绩单，那么你是幸福的；晚饭后陪同爱人和可爱的孩子在公园中散步，享受天伦之乐，那么你是幸福的。生活中令你幸福的事很多，只要你细心观察，用心体味，就会发现有许多乐趣包含其中。

著名作家毕淑敏的《提醒幸福》中有这样一段话可以很好地诠释幸福，“幸福绝大多数是朴素的，它不会像信号弹似的，在很高的天空闪烁红色的光芒。它披着本色的外衣，亲切温暖地包裹起我们”。

如果你是一个悲观的人，那么幸福对你而言就太陌生了。早晨家人叫你起来享受美好舒心的空气，分享幸福。你会觉得“早晨”天天有，何必这样珍惜。可当你重病在身，想享受早晨的美好时，早已力不从心。你会发现你放走了一个幸福。工作时出色完成任务，受到大家的赞赏，而你却不以为然，认为自己还能完成更出色的任务。可你太高估自己，一味追求更高，导致以后无所作为。你才会想起自己以前愚蠢的想法，会发现你又放走了一个幸福。

也许你现在不会觉察到，那再过三十年、四十年、五十年，再回头看看自己曾经走过的路：脚印是那样漂浮、曲折，并无情碾碎了一朵又一朵的幸福之花。

幸福如一杯温热的茶，置于你面前的桌上，或者平淡，或者浓烈，也或者居于二者之间。关键是品尝者的心境。一饮而尽者，肯定尝不出个中滋味。如果坐下来细品，其中的苦与甜便从我们的感觉中充分流露出来。

幸福是一种态度，它出现在某一时刻，不是在“有一天……”我们如果爱上现在所有的日子，我们会幸福得多，而且会得到更多的幸福和快乐。

淡定的心灵智慧

幸福与耀眼的奢华无关，绚丽的名利无关。生活中原来时时刻刻充满了幸福，这幸福来自生活的细枝末节，只有用心去品味，幸福同样有色香味，同样可观可闻可吃可品。

淡定地感受身边的幸福

有位妇人走到屋外，看见前院坐着三位飘着长白胡须的老人。她并不认识他们。于是说："我想我并不认识你们，不过你们应该饿了，请进来吃点东西吧。"

"家里的男主人在吗？"老人们问。

"不在，"妇人说，"他出去了。"

"那我们不能进去。"老人们回答说。

傍晚当她的丈夫回家后，妇人告诉丈夫事情的经过。

"去告诉他们我在家里了，并邀请他们进来？"

妇人走出去邀请三位老人进入屋内。

"我们不可以一起进去。"老人们回答说。

"为什么呢？"妇人想要了解原因。

其中一位老人解释说："他的名字是财富。"指着他的一位朋友说。

然后又指着另外一位说："他是成功，而我是幸福。"

接着又补充说："现在您进去跟丈夫讨论看看，要我们其中的哪一位到你们家里。"

妇人进去告诉丈夫刚刚与老人谈话的内容。

她丈夫非常高兴地说："原来是这么一回事啊？让我们邀请财富进来？"

妇人并不同意，说道："亲爱的，我们何不邀请成功进来呢？"

他们的儿媳在屋内的另一个角落聆听公婆的谈话，并插进自己的建议："我们邀请幸福进来不是更好吗？"

丈夫对太太讲："就让我们照着儿媳的意见吧，快去请幸福来做客。"

妇人到屋外问那三位老者："请问哪位是幸福？"

幸福起身朝屋子走去，另外二者也跟着他一起。

妇人惊讶地问财富和成功："我只邀请幸福，怎么连你们也一道来了呢？"

老者齐声回答："如果你邀请的是财富或成功，另外两人中的任何一位都不会跟进，而你邀请幸福的话，那么无论幸福走到哪，我们都会跟随。哪儿有幸福，哪儿就有财富和成功。"

正如故事中所讲述的，忙碌的生活使我们大部分人都在追逐着财富、成功、名誉，而渐渐淡忘了幸福究竟是一种什么样的感觉。

幸福意味着生活在一种"沉醉"的状态中。真正的幸福不是一些事实的堆砌，而是一种状态的持续。

幸福不是给别人看的，与别人怎样说无关，重要的是自己心中充满了幸福感，也就是说，幸福掌握在自己手中，而不是在别人眼中。幸福也不是十全十美的，只要我们心存真善美，就与幸福有缘。

其实幸福更像是我们人类的一种期望，每一个人都渴望拥有幸福，但很多人却永远也得不到幸福，是他真的不曾拥有吗？错。每一个存在的事物都是公平的，只是我们缺少一双发现幸福的眼睛罢了。

淡定的心灵智慧

幸福对我们而言既唾手可得，又遥不可及。只要你始终以淡定乐观的心情看待一切，那么幸福随时都围绕在你身边。

琐碎生活里的真实幸福

一位少妇，回家与母亲倾诉，说婚姻很是糟糕，丈夫既没有很多的钱，也没有好的职业，生活总是周而复始，单调无味。母亲笑着问，你们在一起的时间多吗？女儿说，太多了。母亲说，当年，你父亲上战场，我每日期盼的是他能早日凯旋，与他整日厮守。可惜他在一次战斗中牺牲了，再也没有能够回来，我真羡慕你们能够朝夕相处。母亲沧桑的老泪一滴滴掉下来，渐渐地，女儿仿佛明白了什么。

一群男青年，在餐桌上谈起自己的老婆，都说夫人管束太严，几乎失去了自由。他们边说边有大丈夫的凛然正气，狂饮如牛，扬言回家要和老婆怎么怎么斗争。邻桌的一位老叟默默地听了，起身向他们敬酒，问："你们的夫人都是本分人吗？"男青年们点头。老叟叹了一口气，说："我爱人当年对我也是管得太死，我愤然离婚，以至于她后来忧郁而终，如果有机会，我多希望能当面向她道一次歉，请求她时时刻刻地看管着我，小伙子，好好珍惜缘分呀！"男青年们望着神色黯然的老叟，沉默不语，若有所悟。

一位干部，因为人员分流，从领导岗位上退了下来，一时间萎靡不振，判若两人。妻子劝慰他，仕途难道是人生的最大追求吗？你至少还有学历还有专业技术，你可以重新开始你的新的事业呀，你一直是个善待生活的人，我们并不会因为你不做领导而对你另眼相看。在我的眼里，你还是我的丈夫，还是孩子的父亲，我告诉你亲爱的，我现在甚至比以前更加爱你。丈夫望着妻子，久久不语，眼里闪烁着晶莹的光泽。

一位盲人，在剧院欣赏一场音乐会，交响乐时而凝重低缓，时而明快热烈，时而浓云蔽日，时而云开雾散，盲人惊喜地拉着身边的人说，我看见了，看见了山川，看见了花草，看见了光明的世界和七彩的人生……

一个听力失聪的孩子，在画展上看到一幅幅作品，他仔细地看着，目不转睛，神情专注，忽然转身，微笑着大声对旁边的父母说，我听到了，听到了小鸟在歌唱，听到了瀑布的轰鸣，还有风儿呼啸的声音……

一位病人，医生郑重地告诉他，手术成功，化验结果出来了，从他腹腔内摘除的肿瘤是一个良性肿瘤，经过一段时间的疗养便可康复出院，不会危及到生命。他顿时满面春风，双目有神，紧紧地握着医生的手，激动地说，谢谢，谢谢，是你给了我第二次生命……

幸福在哪里？带着这样的问题，芸芸众生，茫茫人海，我们在努力寻找答案。

其实，幸福是一个多元化的命题，我们在追求着幸福，幸福也时刻地伴随着我们。

只不过，很多时候，我们身处幸福的山中，在远近高低的角度看到的总是别人的幸福风景，往往没有悉心感受自己所拥有的幸福天地。

淡定的心灵智慧

我们经常一边高喊着追求幸福的口号，一边对幸福视而不见，其实幸福就在你身边，隐藏在你琐碎的生活里。

拥有简单，拥有幸福

简单是生活最真实而又最幸福的境界。简单是一种美，是一种朴实且散发着灵魂香味的美。

简单不是粗陋，不是做作，而是一种真正的大彻大悟之后的升华。

现代人的生活过得太复杂了，到处都充斥着金钱、功名、利欲的角逐，到处都充斥着新奇和时髦的事物。被这样复杂的生活所牵扯，我们能不疲惫吗？

梭罗有句名言感人至深："简单点儿，再简单点儿！奢侈与舒适的生活，实际上妨碍了人类的进步。"他发现，当他生活上的需要简化到最低限度时，生活反而更加充实。因为他已经无须为了满足那些不必要的欲望而使心神分散。

简单地做人，简单地生活，想想也没什么不好。金钱、功名、出人头地、飞黄腾达，当然是一种人生。但能在灯红酒绿、推杯换盏、斤斤计较、欲望和诱惑之外，不依附权势，不贪求金钱，心静如水，无怨无争，拥有一分简单的生活，不也是一种很惬意的人生吗？毕竟，你用不着挖空心思去追逐名利，用不着留意别人看你的眼神，没有锁链的心灵，快乐而自由，随心所欲，该哭就哭，想笑就笑，虽不能活得出人头地、风风光光，但这又有什么关系呢？

生活在简单中自有简单的美好，这是生活在喧嚣中的人所渴求不到的。简单的生活其实是很迷人的：窗外云淡风轻，屋内香茶萦绕，一束插在牛奶瓶里的漂亮水仙，穿透洁净的耀眼阳光，美丽地开放着；在阳光灿烂的午后，你终于又来到了年轻时的山坡，放飞着童年时的风筝；落日的余晖之中，你静静地享受着夕阳下清心寡欲的快乐……

刘心武有句至理名言："在五光十色的现代世界中，让我们记住一个古老的真理：活得简单才能活得自由。"在这个世界上，唯有简单才会快乐，才会让生活更加美好！

淡定的心灵智慧

简单是美，是一种高品位的美。简单是福，是一种最真实的幸福。

姻缘起伏，缘聚缘散

莉莎和男朋友分手了，处在情绪低落中，从他告诉她应该停止见面的一刻起，莉莎就觉得自己整个儿被毁了。她吃不下睡不着，工作时注意力集中不起来，人一下消瘦了许多，有些人甚至认不出莉莎来。一个月过后，莉莎还是不能接受和男朋友的关系已经结束这一事实。

一天她坐在教堂前院子的椅子上，漫无边际地胡思乱想着。不知什么时候，身边来了一位老先生。他从衣袋里拿出一个小纸袋开始喂鸽子。成群的鸽子围着他，啄食着他撒出来的面包屑，很快飞来了上百只鸽子。他转身向莉莎打招呼，并问她喜不喜欢鸽子。莉莎耸耸肩说："不是特别喜欢。"他微笑着告诉莉莎："当我是个小男孩的时候，我们村里有一个饲养鸽子的男人。那个男人为自己拥有鸽子感到骄傲。但我实在不懂，如果他真爱鸽子，为什么把它们关进笼子，使它们不能展翅飞翔呢？所以我问了他。他说：'如果不把鸽子关进笼子，它们可能会飞走，离开我。'但是我还是想不通，你怎么可能一边爱鸽子，一边却把它们关在笼子里，阻止它们要飞的愿望呢？"

莉莎有一种强烈的感觉，老先生在试图通过讲故事，给她讲一个道理。虽然他并不知道莉莎当时的状态，但他讲的故事和莉莎的情况太接近了。莉莎曾经强迫男朋友回到自己身边。她总认为只要他回到自己身边，就一切都会好起来的。但那也许不是爱，只是害怕寂寞罢了。

老先生转过身去继续喂鸽子。莉莎默默地想了一会儿，然后伤心地对他说："有时候要放弃自己心爱的人是很难的。"他点了点头，说："但是如果你不能给你所爱的人自由，你并不是真正地爱他。"

这是一个发人深省的道理——爱是不能勉强的。我们应该给予自己所爱的人自由，不然我们并不比那个饲养鸽子的人好多少。如果我们爱什么人，应该给他自由。让他们自由地决定任何事情，自由自在地按照他们自己的意愿去生活，而不要把自己的愿望强加给他们。放走自己所爱的人通常不那么容易，但实际上你也没有其他路好走。即便你一时勉强地把他留下，最终自食恶果的还会是你。你将得到更深的痛苦，更多的悲伤。

人类天性需要一个空间。当我们纠缠自己的内心时，我们会使自己感到难以呼吸。通常我们这样做是出于想不开、缺乏自信或是害怕孤单，而不是解放自己。如果你爱一个人，应该给别人以自由，这如同给自己以自由一样。

淡定的心灵智慧

爱情是一种缘分，不可强求，要懂得放手，给对方一份祝福，给自己一份幸福。缘起缘灭，缘聚缘散。姻缘起伏，淡定自如。

柴米油盐，相濡以沫

爱情就是两个人的相濡以沫，爱情就是两个人的长相厮守，有爱的人会觉得一切都是甜蜜的。每天早晨起床时，能看见自己的爱人就在身边，看着爱人忙忙碌碌的身影；能在有星星的夜里，和爱人缱绻星光下，数数天上的点点繁星，细述心中的份份情谊，那就是一种幸福。虽然很简单，但是很实在。爱情，就是当我们生病时，爱人给我们递上的一杯开水、几粒药丸，还有充满关怀与爱的眼神……这样，我们就无药自愈了。

年轻的时候，她很喜欢吃冰淇淋。

只记得深冬的夜晚特别冷，看完夜场电影出来，寒风凛冽，她被严严实实地裹在他的大外套里，瑟瑟发抖，忽然就想吃冰淇淋。

他总是那么宠爱她，叫她待在原地等着，然后便跑到夜深静寂的街上，一家家拍已经打烊了的小店的门。有时需要等很久，他才会气喘吁吁地回来，他才可以找到满意的一个。

那冰淇淋都不知冻了多久，里面的奶油全变成了冰碴，她却舔着，一直甜到心底。有时她会不由得对他说起自己一生的梦想：她想要一栋建在海边的大房子，户外碧水连天，夏日午后的阳光下，她穿着及地的碎花长裙，坐在阳台上的摇椅里，茶几上摆满她最心爱的各种冰淇淋：巧克力的郁香、灰紫如梦的香芋，香草一球球的浅绿……

他会吃惊地问：“你的图画里为什么没有我，那我在哪儿呢？”她嗔他一眼：“傻瓜，你一定是又满世界买冰淇淋给我了啊。”

她嫁给了他，他们没有海边的大房子。结婚后的生活甜蜜而且忙碌，数不尽的事一涌而入，将所有时间的空隙填满。工作、家务、孩子，纷乱里她已经很久没有吃过冰淇淋了。

他们选择在麦当劳给女儿过两岁生日。巧克力圣代在柔和的灯光下发着琥珀色诱人的光泽，见女儿吃得津津有味，她禁不住推他：“好久没吃过了，去给我也买一个吧。”

他不动：“好贵啊。女儿吃吃就可以了，你别捣乱了。”

她有点生气：“你记不记得，以前只要我想要，你就会毫不犹豫地跑三条街给我买冰淇淋，从来也没有说贵。”

他笑了：“那是什么时候呀，不是还没得手呢吗？”

她有说不出的失望。才短短几年时间，他冬夜里疼爱的眼神还在她心头柔软地甜，难道他对她的爱便已如烈日下的冰淇淋了吗？

她用沉默的方式一直思考，直到第四天，他终于屈服了，带她直奔一家冰淇淋专卖店，细致挑选了一种，售货员笑容可掬:“先生，这种350元。”

两人都大吃一惊，他不知所措地摸了膜口袋，犹豫地伸手摸钱包，她一把抢先拉住他，连声：“不买了，我今天不想吃。”

售货员善解人意地笑："这是男孩子讨女朋友欢心时才会买的，居家过日子的人没必要买它。"

两人慌乱中夺门而逃，一路跑了好远好远，停下来彼此看看，都是一脸一身的尴尬，她扑哧一声笑出来。是在笑他刚才的狼狈，也是在笑自己的无稽。

时间让人感到很无奈，曾经捧着冰淇淋的手，转眼间变成了每天洗衣做饭的手；曾经憧憬过童话的家园，却输给了凡俗日子里的柴米油盐。

婚姻就是两个人为每一件事操心，奔忙，甚至是争吵。婚姻就是柴米油盐，婚姻就是平平淡淡地过完每一天，每天的作息时间不变，每天重复着同样的事情，就连每一天的心情都不会有很大的变化。

淡定的心灵智慧

别等爱人为你做什么，应该相互体贴，相互鼓励，做到真正的相濡以沫。与爱人共患难，同甘苦，共同享受美好人生。

等一等，让灵魂跟上脚步

“如果我们走得太快，请停一停，等待灵魂跟上来。”

一队科考队员在当地土著人的带领下，穿越非洲原始森林。他们千辛万苦跋涉了三天三夜，队员们精力旺盛，眼看快到目的地了，但土著人却无论如何也要休息一天。问原因，他们说，匆匆赶路三天了，灵魂一定掉在后面了，要等一等，让灵魂跟上来。

读到这个印第安土著的故事时，我宁愿相信，人是有灵魂的。灵魂似乎缥缈无踪，实则始终不离左右。只有灵魂与肉体有了最和谐的契合，生命才能绽放应有的光彩。但什么时候，我们的灵魂开始掉队了呢?

看吧，迅猛的城市化和商业化，已将人类逼到了角落，眼前只是纷乱的人群、奔忙的车流、喧嚣的市声、逼仄的高楼、金钱、美女、海景房、LV包……由于跑得太快,脸上该有的微笑都流失了。有时甚至会忘记每天忙忙碌碌是为了什么，没有清风过耳，不见白云满天，至于溪流淙淙、鸟语盈心则是梦里的场景。我们孤独的灵魂，只能在远处飘忽不定，再也找不到回家的路，只剩下物理的躯壳在这人世间漫无目的地游荡。

有个朋友是出版商，极有文学才华，早年写过不少极有分量的作品。然而近年来他一直忙于出版事务，弄得焦头烂额。有时在QQ上遇见，他总是抱怨，说自己策划这个选题、编撰那个丛书的，晨昏颠倒，心力交瘁。我劝他不要太累，给自己留点儿空间。他说：“不行呀，最近刚买了房，四十多万按揭呢，要还贷，我不忙活怎么办？”我表示理解。

隔了一年多又在网上遇到他，问及，他说房贷还得差不多了，马上计划着买车，又揽了一大堆活儿，我只有摇头无语，他的灵魂怕是掉得很远了吧。

我家的隔壁，有一对夫妻，经营着一家水果店，因为热情与勤快，小店盘得十分活络，慢慢发展成为县城颇有影响力的水果批发公司。然而他们不像别人那样热衷于购置房产，每年总要抽出一段时间旅游，一年外出三四次，每次都是一周左右。几年下来，全国的大部分地区都游遍了。听说他们下一步计划去欧洲旅行呢。

做生意，勤勤恳恳；出去玩，逍遥自在。我觉得这样的生活惬意无比，灵魂定是步步跟随。

当灵魂离身体最近的时候，我们很喜欢怀旧，喜欢回望那个纯洁天真的自己，喜欢小时候，拿张凉席铺在地上，或坐或躺，仰望着灿烂的星空，听着美妙的蛙鸣，感受着最自然的凉风，偶尔拿大蒲扇扇几下，有时也会缠着大人们讲故事……

因此，我们行走的时候，不要走得太快。每当迷失自我的时候，点一盏心灯，让它照亮你的灵魂。不要等到孤单时才想念起你的朋友，不要等到想要得到爱时才学会付出，不要等到失败才记起他人的忠告，不要等到别人指出才知道自己错了，不要等到生病才意识到生命的脆弱……

淡定的心灵智慧

在这个纷扰繁忙的世间，给灵魂一个修禅打坐的时间吧。比如多看看书、跑跑步、做做瑜伽，平衡自己的心灵，修身养性，给自己多找些独处的时间，喝喝咖啡、养养花草，或者打起背包走天涯……

慢下来，一切都会好

有人说，现代社会中大千世界的众生相就是忙碌、盲目和茫然。的确，我们每天都被无数种嘈杂的声音和疲倦的尘埃紧紧缠绕着，它们如饥似渴地吞噬着我们的青春、折磨着我们的身心，让我们苦不堪言。我们无法在尘世中静下心来生活和工作，无法静下心来感受和体验，也无法静下心来思考与计划，因此幸福也变得遥不可及。在漫漫的人生旅途中，我们随时需要静下心来，从忙碌、盲目和茫然的世界中退后一步，让内心回到安静的状态，从而赶走身边的无奈，驱散周围的喧嚣，抚平疼痛的伤口，迎接幸福的未来。只要我们学会慢下来，送自己一颗安静的心，幸福就会与我们共鸣，和我们一起扭转人生。

慢下来，是一种生活方式。慢下来，可以探究苦痛的根源，可以摆脱扭曲和误解，从束缚中体会自由。慢下来，可以抛弃执着的预想，分享当下的幸福。

慢下来，是一种心灵模式。慢下来，心就静了，就可以整理一下自己的心情，拂去心灵的蒙尘，在忙碌中安享内心的平静，一切困惑与迷茫都将豁然开朗，我们将会收获满满的幸福。因为心静则无欲，无欲则平和，平和则幸福。

慢下来，是一种工作福利和生命奖赏。工作是一个练习让心智完整的时机，完完全全地专注在手头上的工作，以使自己达到忘我的状态，那是让内心的平静与平和来引导财富旅程的幸福时刻。

慢下来，是一种人生格局与梦想载体。慢下来，不再去想那些付出没有回报的徒劳，不再去回忆那些地老天荒的誓言，不再去迷恋那段轰轰烈烈的爱恋，不再去顾忌那些所谓的得与失。一切的人与事、情与仇、爱与怨，只会轻轻划过，悄然散落在悠悠岁月的淡淡斑纹中，淡了，再淡，淡出记忆，淡出知足。

慢下来，是一种成功策略与幸福方法。慢下来，洗涤生活的无奈与感情的失意，自己给自己找乐子，拒绝太多的恩怨思绪，拒绝太多的占有欲望，拒绝太多的伤感埋怨，拒绝太多的挣扎徘徊，即便泛起那一点点心灵涟漪，也会储存得温温顺顺、平平静静。

慢下来，我们的思绪不再乱窜，我们的情感不再流离失所，我们的心情不再跌宕起伏。一切烦躁与沉闷都会悄悄地匿迹，静静地消失，安静且唯美。那种静谧的感觉，是快节奏生活中最惬意的心灵释放和最精妙的灵魂洗涤。

慢下来，听听音乐，看看小说，望望风景，数数星星；慢下来，浇浇花草，照照镜子，翻翻照片，理理思绪。慢下来，你会感到冰冷从身边逃走的身影，你会听到温暖从心头划过的声音，那是安详、安静与安宁赐给你的叮咛与祝福。原来——慢下来的感觉如此美妙！

淡定的心灵智慧

慢下来，在忙碌的人生中得享内心的平静，收获人生的幸福。

内心平静，与压力共舞

人的潜能是相当大的，而人的心理潜力即大脑能量则是巨大得不可想象。一个人只要相信并在面临压力时开发自己的巨大潜能，就会有超凡的智慧和强大的精神力量。

所以说，人人都需要压力。只有等压力来临，才能够有效发挥潜能。需要压力固然重要，但当压力来临时必须要用一颗平静的心对待。因为只有内心平静，你才能化压力为动力。

人们在压力的驱使下，能使自己的体力和耐力达到正常情况下绝不能达到的程度。这就是为什么一个发狂的人会有正常情况下所不能有的体力。所以说，人人都需要压力。只有等压力来临，才能够有效发挥潜能。需要压力固然重要，但当压力来临时必须要用一颗平静的心对待。因为只有内心平静，你才能化压力为动力。

压力来了，不要紧张，只要保持清醒的头脑，对压力做一番分析，也对自己的能力做一番评估，有计划有步骤地实施工作，你会发现有压力状态下的效率更高，效果更好，压力不知从何时起，已经变成了一种动力。

他是音乐系的学生。当他走进练习室，钢琴上，摆着一份全新的乐谱。

“又是超高难度……”他翻动着，喃喃自语，感觉自己对弹奏钢琴的信心似乎跌到了谷底，消磨殆尽。已经三个月了！这位新的指导教授是个极有名的钢琴大师。授课第一天，他给自己的新学生一份乐谱。“试试看吧！”他说。乐谱难度颇高，学生弹得生涩僵滞、错误百出。“还不熟，回去好好练习！”教授在下课时，如此叮嘱他。他对教授的教学感到不满，但他还是坚持照教授的吩咐去做了。

练了一个星期，第二周上课时正准备让教授验收，没想教授又给了他一份难度更高的乐谱，“试试看吧！”上星期的课，教授提也没提。他再次挣扎于更高难度的技巧挑战。第三周，更难的乐谱又出现了。同样的情形持续着，他每次在课堂上都被一份新的乐谱所困扰，感到压力越来越大。

因为上周的练习而没有驾轻就熟的感觉，他感到越来越不安、沮丧和气馁。终于有一天，他再也忍不住了。他必须向钢琴大师提出这三个月来何以不断折磨自己的质疑。教授没开口，他抽出了最早的第一份乐谱，交给他。“弹奏吧！”教授以坚定的眼神望着他。不可思议的结果发生了，连他自己都惊讶万分，他居然可以将这首曲子弹得如此美妙、如此精湛！教授又让他试了第二堂课的乐谱，他依然呈现超高水准的表现——演奏结束，他怔怔地看着老师，说不出话来。

“如果，我任由你表现最擅长的部分，可能你还在练习最早的那份乐谱，就不会有现在这样的程度……”钢琴大师缓缓地说。

人，往往习惯于表现自己所熟悉、擅长的领域。但如果我们愿意回首，细细审视，将会恍然大悟：正是看似紧锣密鼓的工作挑战、永无休止难度渐升的环境压力，在不知不觉间养成了今日的非凡能力。所以说，有时抵抗压力不如就那么承受着，顶着压力让自己不断前进，也让自己不断提高。

我们征服压力，改善人生，很需要培养一种崭新的、开放的思想观念，需要提高自我觉察能力，认清压力的来源和性质。这可能是一件相当困难的事，因为社会生活中有许多传统习俗的东西使人形成一种墨守成规的思维定式。你也许从小到大都认为，自己的情感是无法选择和控制的，因为总有许多事情让你自然而然地产生气愤、忧愁、压力、爱慕、喜悦、兴奋等各种各样的情感。使人高兴的事当然谁都欢迎，可对于那些无法改变的现实，只能是勇敢地接受它，这是最明智的选择。

淡定的心灵智慧

平静地对待压力，驾驭压力，掌控工作，掌控生活，你就会踏上自由来往、四通八达的光明大道，那么，你人生目标的实现就会离你越来越近了。

淡定的人生不后悔

令人后悔的事情，在生活中经常出现。许多事情做了后悔，不做也后悔；许多人遇到了要后悔，错过了更后悔；许多话说出来后悔，不说出来也后悔……人的遗憾与后悔情绪仿佛是与生俱来的，正像苦难伴随生命的始终一样，遗憾与悔恨也与生命同在。

从昨天的风雨里走过来，身上难免沾染一些尘土和霉气，心中多少留下一些酸楚的记忆，这是不能完全被抹掉的。

人生一世，花开一季，谁都想让此生了无遗憾，谁都想让自己所做的每一件事都永远正确，从而达到自己预期的目的。

可这只能是一种美好的幻想。

人不可能不做错事，不可能不走弯路。做了错事、走了弯路之后，有后悔情绪是很正常的，这是一种自我反省，自我解剖的前奏曲，正因为有了这种“积极的后悔”，我们才会在以后的人生之路上走得更好，更稳。

但是，如果你纠缠住后悔不放，或羞愧万分、一蹶不振，或自惭形秽、自暴自弃，那么我们的这种做法就真正是蠢人之举了。

美国一位教师曾用一很形象的事例来教育学生摆脱徒然无益的悔恨，在课堂上她将一只装满牛奶的瓶子朝地上猛摔下去，瓶子破碎了，牛奶流了满地。她告诉学生：“你们可能对这瓶牛奶感到惋惜，可是这种惋惜已经无法使这瓶牛奶恢复原样了。因此，在你们今后的生活中发生了无可挽回的事时，请记住这摔破了的牛奶瓶。”这位教师道出了一个生活哲理：如果明知错误已经形成，而且无可挽回，却偏要去挽回，这样做是徒劳无益的。

古希腊诗人荷马曾说过：“过去的事已经过去，过去的事无法挽回。”

的确，昨日的阳光再美，也移不到今日的画册。我们需要总结昨天的失误，但我们不能对过去了的失误和不愉快耿耿于怀，因为伤感也罢，悔恨也罢，都不能改变过去，都不能使你更聪明、更完美。

如果总是背着沉重的怀旧包袱，为逝去的流年伤感不已，那只会白白耗费眼前的大好时光，那也就等于放弃了现在和未来。那么，我们又为什么不好好把握现在，珍惜此时此刻的拥有呢？为什么要把大好的时光浪费在对过去的悔恨之中呢？

追悔过去，只能失掉现在；失掉现在，哪有未来。把握现在，把握未来。

淡定人生，无怨无悔。

淡定的心灵智慧

对自己所走过的道路要有满足感，不要老是追悔过去，埋怨自己当初这也不该，那也不该。淡定理智的人不注意过去留下的脚印，而注重开拓现实的道路。

享受平淡，坐拥幸福长久

英国哲学家罗素说："幸福的生活在很大程度上，必是一种宁静安逸的生活，因为只有在宁静的气氛中，真正的快乐幸福才能得以存在。"

试问，一个人尽管在外面获得安全，而他的心境常是忧惧恐慌的，其幸福又有几分呢？斯宾诺莎认为：一个人的幸福，即在于他能够保持他自己的存在。费尔巴哈也有类似的论述，他说，生命本身就是幸福。他认为幸福是生活的本性：所有一切属于生活的东西都属于幸福，因为生活和幸福原来就是一个东西。亚里士多德认为美德就是幸福。他说："行为所能达到的全部善的顶点又是什么呢？几乎大多数人都会同意这是幸福；不论是一般大众，还是个别出人头地的人物都说："善的生活，好的行为就是幸福。"

杜威则认为幸福只在于行为的不断成功，而不是道德行为所追求的最终目的。弗洛姆也有类似的看法，他认为幸福是一个人创造性心灵所带来的结果，是个人在思想上、情感上以及行为上的一切创造性活动所带来的喜悦。亚里士多德又认为能用理智来指导生活，就是最高的幸福。他认为，神的活动，那就是最高的幸福，也许只能是思辨活动，而与此同类的人的活动，也就是最大的幸福。卢梭也有类似的看法，认为狂热和激情都是短暂的，只是生命长河中的几个点，不能构成一种境界，幸福是一种境界。爱因斯坦认为，一种实际工作的职业就是一种最大的幸福。

幸福是不让交通、雨水、炎热、寒冷以及不得不排队等候等情况影响我们的心情。幸福是做我们喜欢的事，是喜欢我们所做的事，是生活中有很多希望，是永远祝福别人。幸福首先是个人的决定。每个清晨，当我们醒来的时候，我们都有机会选择让自己幸福还是不幸福地度过难忘的一天，或者只是又过一天而已。

幸福是一种自我感受，一种心理状态，幸福是无形的。尽管劳动成果、艺术享受、爱情、婚姻、家庭、爱好、修养、经历、境遇，等都能给人带来幸福感受，但没有一种相应的尺度可以衡量幸福。“物质幸福”是存在的，所以我们在努力建设“物质文明”。但是，纯粹物质享乐并不等于幸福，物质的多少并不一定带来相应的幸福的大小。金钱是存在的需要，金钱可以买得来刺激，甚而买得来“快乐”，但不一定买得来幸福。有钱难使精神贫乏不幸福的人推动幸福的磨盘。一切的喧嚣浮华至多是表面的快乐而不是真正的幸福。

但最重要的是，幸福是寻求和体验生活中的平衡。幸福是对生活的方方面面都有一个目标，并保证自己每天都朝着实现这个目标的方向前进。幸福是拥有个人、专业和家庭目标，并让这些目标成为一项行动计划的一部分，努力使我们的生活保持平衡。

幸福更多的时候是一种心境，追求幸福，包含着人们对美好生活的企盼，更寄托着人们对人生境界的追求。不同的人有不同的志向和理想，体现了不同的信念追求和价值取向。“人活着是要有一点精神的”。人生的价值并不在于获取了多少、享受了多少，更多的时候在于为社会做了多少贡献、给他人带来多少福祉。因为只有这样，人类才能繁衍生息，社会才得以不断进步。否则，人人都去索取，都去为了个人的幸福而不顾他人的感受甚至不择手段，人类社会就会灭亡。因此，那些为别人默默操劳的人，本身也是最洒脱、最幸福的人。

淡定的心灵智慧

坐看风云起起伏伏，坐拥幸福长长久久。流水般的日子就让它流水般地走，何不把握这眼前的幸福……其实，幸福只是一种感觉，信则有，不信则无。